本科普入门书系列

现代舰船百科

U0275099

（图解导读版）

《 化》编委会　编著

清華大学出版社

北京

内 容 简 介

本书是介绍现代民用船舶的科普图书，书中以问答的形式介绍了民用船舶的历史演变、主要分类、船体结构、动力装置、电子设备、日常运行、实用性能等内容，帮助读者循序渐进地了解民用船舶的相关知识。除了介绍民用船舶本身外，本书还对与之相关的知识体系，如建造材料、下水方式等内容进行了详细分析与说明，能够有效地提升读者对民用船舶的认识。全书结构清晰，分章合理，排列有序，主次分明，各层次的船舶爱好者都能从中获益。

本书内容丰富，结构严谨，分析讲解透彻，适合广大舰船爱好者和中小学生作为科普读物。同时，它也适用于海事专业人士、船舶设计师、海洋工程师、航运管理者、政策分析师、海事教育者、海洋科学家、环保专家、历史学家、模型制作者等专业人士作为参考书籍。此外，本书亦可作为各大海事院校相关专业的教学辅助用书。

图书在版编目 (CIP) 数据

现代舰船百科：图解导读版 / 《深度文化》编委会编著 . -- 北京：清华大学出版社，2024. 11. -- (我的第一本科普入门书系列). -- ISBN 978-7-302-67455-9

Ⅰ . U674-49

中国国家版本馆 CIP 数据核字第 2024Q1J418 号

责任编辑： 李玉萍
封面设计： 王晓武
责任校对： 张彦彬
责任印制： 刘 菲

出版发行： 清华大学出版社
   网　　址： https://www.tup.com.cn，https://www.wqxuetang.com
   地　　址： 北京清华大学学研大厦A座 **邮　　编：** 100084
   社 总 机： 010-83470000 **邮　　购：** 010-62786544
   投稿与读者服务： 010-62776969，c-service@tup.tsinghua.edu.cn
   质 量 反 馈： 010-62772015，zhiliang@tup.tsinghua.edu.cn
印 装 者： 北京联兴盛业印刷股份有限公司
经　　销： 全国新华书店
开　　本： 146mm×210mm **印　　张：** 8.5 **字　　数：** 326千字
版　　次： 2024年11月第1版 **印　　次：** 2024年11月第1次印刷
定　　价： 59.80元

产品编号：096043-01

前　言

　　船舶是指能航行或停泊于水域上进行运输或作业的交通工具，按不同的使用要求而具有不同的技术性能、装备和结构形式。古代中国是造船和航海的先驱。春秋战国时期就有了造船工厂，能够制造战船；汉代已能制造带舵的楼船；唐、宋时期，河船和海船都有了显著的发展，发明了水密隔壁；明代郑和七次下西洋所用的宝船，在尺寸、性能和远航范围方面，在当时都居世界领先水平。

　　在人类历史上，船舶对于地理探索和科学技术的发展都有着重要意义。大规模的航海活动，不仅丰富了人类的学科知识，也使世界各国的联系越来越紧密。到了 20 世纪后期，由于通信技术和航空技术的发展，船舶在促进各地区的文化交流和人员交往方面的优

势日趋下降。但是由于现代工业生产日趋国际化，海上交通运输仍然是人类经济活动的重要支柱。

自21世纪以来，由于人口的激增、能源和粮食的短缺，海洋将成为人类主要的能源基地和食品基地，以及重要的生产和生活场所。为了开发海洋，人类将研制各种工作船舶，船舶的主要职能将不再局限于物资运输，而将扩展至海洋的开发和海洋资源的利用。

本书是介绍现代民用船舶的科普图书，书中有140余个精心挑选的典型问题，从历史演变、主要分类、船体结构、建造材料、下水方式、动力装置、电子设备、日常运行、实用性能等多个角度切入，对民用船舶进行了全方位的解读与说明。全书内容通俗易懂，并加入了大量示意图、实物图和表格，符合各层次船舶爱好者的阅读需求。通过阅读本书，读者将会对民用船舶有一个全新的认识。

本书是真正面向船舶爱好者的基础图书，编写团队拥有丰富的科普图书写作经验，并已出版了数十本畅销全国的图书作品。与同类图书相比，本书不仅图文并茂，在资料来源上更具权威性和准确性，同时，本书还拥有非常完善的售后服务，读者朋友可以通过电话、邮件、官方网站和微信公众号等多种途径提出您宝贵的意见和建议。

本书由《深度文化》编委会编著，参与编写的人员有丁念阳、阳晓瑜、陈利华、高丽秋、龚川、何海涛、贺强、胡姝婷、黄启华、黎安芝、黎琪、黎绍文、卢刚、罗于华等。对于广大船舶爱好者，以及有意了解船舶知识的青少年来说，本书不失为极有价值的科普读物。希望读者朋友们能够通过阅读本书，循序渐进地提高自己的科学素养。

编者

目 录

第2章 船体篇 ········· 49

第3章　动力篇 ⋯⋯⋯⋯101

第4章　电子篇 ⋯⋯⋯⋯147

第5章 运行篇 ·················· 179

第6章　性　能　篇 …………………… 225

参考文献 …………………………… 261

第1章
基础篇

　　船或船舶，泛指任何利用水的浮力并依靠人力、风帆、发动机（如蒸汽机、燃气涡轮、柴油引擎、电动机、核动力）驱动螺旋桨以及高压喷嘴的反推力为动力，进行划、牵、拉、推，使其能在水面上移动的交通工具。本章主要就船舶的历史、分类、作用、地位、配套设施等基础性问题进行介绍。

概 述

船舶是指能航行或停泊于水域上进行运输或作业的交通工具，按不同的使用要求而具备不同的技术性能、装备和结构形式。

船舶从史前剡木为舟起，经历了独木舟和木板船时代，1879 年世界上第一艘钢船问世后，又开始了以钢船为主的时代。船舶的动力也由古代依靠人力、畜力和风力（即撑篙、划桨、摇橹、拉纤和风帆）发展到如今使用机器驱动。

船舶的分类方法很多，可按用途、航行状态、船体数目、推进动力、推进器等进行分类。

船舶按用途分类，可分为军用和民用两大类。军用船舶通常被称为舰艇或军舰，其中有直接作战能力或海域防护能力的被称为战斗舰艇，如航空母舰、驱逐舰、护卫舰、导弹艇和潜艇；担负后勤保障的则被称为军用辅助舰艇。民用船舶又可分为运输船、工程船、渔船、港务船等。

"海洋绿洲"号游轮

印度"波涛"号风帆训练舰

　　船舶按航行状态分类，可分为排水型船舶、滑行艇、水翼艇和气垫船；按船体数目分类，可分为单体船和多体船，在多体船型中双体船较为多见；按推进动力分类，可分为机动船和非机动船，机动船按推进主机的类型又可分为蒸汽机船、汽轮机船、柴油机船、燃气轮机船、联合动力装置船、电力推进船、核动力船等；按推进器分类，可分为螺旋桨船、喷水推进船、喷气推进船、明轮船、平旋轮船等，空气螺旋桨只用于少数气垫船；按机舱的位置分类，可分为尾机型船（机舱在船的尾部）、中机型船（机舱在船的中部）和中尾机型船（机舱在船中部偏后）；按船体结构材料分类，可分为钢船、铝合金船、木船、钢丝网水泥船、玻璃钢艇、橡皮艇、混合结构船等；按国籍分类，可分为国轮（指在国内登记并悬挂国内国旗的船舶）与外轮（指在国外登记并悬挂外国国旗的船舶）；按航程远近分类，可分为近海轮与远洋轮，两者的续航能力是不同的。

船级社的主要作用是什么

船级社是一个建立和维护船舶和离岸设施的建造与操作的相关技术标准的机构，也称验船协会，有时统称为验船机构。

船级社通常为民间组织，其主要业务是：对新造船舶进行技术检验，合格者授予相应证书；根据检验业务的需要，制定相应的技术规范和标准；受本国或他国政府委托，代表其参与海事活动。有的船级社也涵盖陆上工程设施的检验业务。

从法律意义上讲，船级社是出于保险或其他目的，针对船舶的状况对船舶进行检验和分类的组织。其主要作用是在船舶建造时和建造后对其进行定期检验，目的是设定和维持船舶及其设备的建造和维修标准。每个船级社都有一套规则规定检验要求，对船舶来说，要保持其级别就必须遵守这些规则。船舶分等级是船舶保险的必要条件之一，也是多数租船人和发货人的要求。因此，如果船舶没有分等级的话，在贸易上就会存在很多困难。船级社也有权批准和监督集装箱的建造。这个组织在多数海运国家中都存在。

船级社以专业的船舶技术知识在保障船舶航行安全方面起着独特的作用。船级社面对的客户具有多样性。例如，在船舶建造的不同阶段，船级社的服务对象是不同的：在船舶设计和建造阶段，船级社的服务对象是船厂；交船后，服务对象即转为船舶所有人或船舶管理人。船级社针对不同的客户服务的依据也是不同的。

国际船级社协会（IACS）正式会员表

中文名称	外文名称	简称
中国船级社	China Classification Society	CCS
英国劳埃德船级社	Lloyd's Register of Shipping	LR
美国船级社	American Bureau of Shipping	ABS
法国船级社	Bureau Veritas	BV
挪威船级社	Det Norske Veritas	DNV

续表

中文名称	外文名称	简称
德国船级社	Germanischer Lloyd	GL
韩国船级社	Korean Register of Shipping	KR
日本船级社	Nippon Kaiji Kyokai	NK
意大利船级社	Registro Italiano Navale	RINA
波兰船舶登记局	Polish Register of Shipping	PRS
俄罗斯船舶登记局	Russian Maritime Register of Shipping	RS
印度船级社	India Register of Shipping	IRS
克罗地亚船舶登记局	Croatian Register of Shipping	CRS
希腊船级社	Hellenic Register of Shipping	HRS
澳大利亚船舶登记局	The Australian Maritime Safety Authority	AMSA
印度尼西亚船级社	PT. Biro Klasifikasi Indonesia	BKI
保加利亚船舶登记局	Bulgaria Register of Shipping	BRS
埃及船舶登记局	Egyptian Register of Shipping	ERS
乌克兰船级社	Ukrainian Register of Shipping	URS
塞尔维亚船级社	Serbian Register of Shipping	SRS
菲律宾船级社	The Philippine Register of Shipping, Inc.	PRS
越南船级社	Vietnam Register	VR

🔊 **小知识:**

　　船级社的起源可以追溯到18世纪的英国。最早的船级社是由保险公司创立的，18世纪中叶，英国的海上保险公司开始意识到需要对船舶进行技术评估，以减少保险风险和损失。为了评估船舶的可靠性和安全性，保险公司开始聘用工程师和船舶专家进行船舶检查和评估。随着时间的推移，这些船舶检查和评估的活动逐渐形成了独立的机构，即船级社。

英国劳埃德船级社标志

美国船级社标志

船舶悬挂国旗有何意义

　　船舶悬挂某一国家的国旗即具有该国国籍，这个国家即该船的船旗国。船旗国分为两类：一是在船舶所有者本国登记，悬挂本国的国旗，因此受该国法律的管辖和保护；二是在船舶所有者在所属国家之外的国家登记，取得登记国的国籍，悬挂该国国旗，受该国法律的管辖和保护。

　　船旗是表明船舶国籍的标志，因此各国政府对悬挂本国国旗航行的船舶，均有船舶登记程序和取得国籍所具备条件的规定。船舶在公海上只服从国际法和船旗国的法律。

　　《联合国海洋法公约》规定，每个国家，不论是沿海国还是内陆国，均有权在公海上行驶悬挂其旗帜的船舶。每个国家应确定对船舶给予国籍，船舶在其领土内登记并悬挂该国旗帜，国家和船舶之间必须有真正的联系。每个国家应向其给予悬挂该国旗帜权利的船舶颁发该权利的文件。船舶航行应仅悬挂一国的旗帜，而且除国际条约或本公约明文规定的例外情形外，在公海上应受该国的专属管辖。除所有权确实转移或变更登记的情形外，船舶在航程中或在停泊港内不得更换其旗帜。

　　国际社会对海上安全努力的成效主要取决于船旗国对公约义务的履行情况。国际社会已经达成了《联合国海洋法公约》和数十项国际海事公约，这些公约对船旗国和缔约国提出了明确的义务和要求。各国经济发展不平衡，法律制度和执法机制不一，海事管理人才和资源参差不齐，实际履约情形也往往千差万别。主要的督促措施是港口国监督，此外，船舶所有人的自律和相关民间机构的指导也是维护海上安全的重要因素。船旗国履约情况依各国理解而执行，国际上并无统一的、强制性的标准及评估制度。不过，国际海事组织为此做了努力，专门成立了船旗国履约委员会，并于 2000 年提出了关于船旗国工作自我评估标准和评估指标。

悬挂瑞士国旗的商船

→ 船台和船坞有何区别

　　船台是指具有修造船设备与建筑物的专用场地，通常为水平场地，建在船厂水域岸边。修造大船用的船台，要有足够的承载力，因此要铺设钢筋混凝土梁板式平台，或用桩基分担船体荷载。将地基较好的自然岸坡加以修整，就可用作修造小船用的船台。船台的台面上装有可拆卸移动的支墩，用以支撑船体和方便修造船作业，配有起重设备和动力管线等设备。船台要与船舶上下水的各种滑道相连接，有时也与垂直升船机相连接。在修造船工作量大的船台区内，常需设置横移区，以便船舶进出不同位置的船台。船体的主要结构修造完后，就可以从造船平台下水，然后开始进行船舶舾装工作，安装船内的机械电气、电子设备。

　　船台可分为露天船台、室内船台和开敞船台。露天船台便于运用各种起重运输设备，工作方便，但会受到气候条件的影响。室内船台则不受气候条件的影响，生产效率高，但基建投资大。开敞船台上有构架无屋盖，是一种折中方案，其优缺点介于上述两种之间。

　　船坞是指修造船用的坞式建筑物，灌水后可容船舶进出，排水后能在干底上修造船舶。船坞可分为干船坞、注水船坞和浮船坞三类。干船坞应用较多，一般所称的船坞即干船坞。船坞由最初的"船坑"发展演变而来，在涨潮海岸，人们利用水位的涨落来升降船舶，即在涨潮时将船舶引入一个三面围以土堤的"船坑"里，落潮时船舶即停留在预置的支墩上，然后用围埝封闭缺口以进行修理工作，船舶出坑时，再将围埝拆去，趁涨潮时出坑。后来逐渐将土堤改为坞墙，将围埝改为坞门，利用水泵控制坞内水位的涨落，最终演变发展成为如今的干船坞。

　　总体而言，船台简单方便，比较适合建造小船，但小船不适应当今国际货运趋势。随着船舶的大型化发展趋势，采用船台造船在船体装配和下水工艺方面都有很大的困难，并且大型船台的造价也十分昂贵。而船坞虽然挖坞时间较长，但建造时安全性较高，因此适合建造大船。

位于英国格洛斯特的小型干船坞

位于英国泰恩 - 威尔郡南希尔兹的露天船台

→ 船舶总装有哪些方式

　　船舶总装是在部件装焊、分段或总段装焊的基础上，最后完成船壳整体装配的工艺阶段，它对保证船体建造质量、缩短船舶建造周期有着重要作用。

　　建造单艘船时，常用的总装方式有以下四种。

　　（1）水平建造法。在船台上先将船底分段焊装完毕，再向上逐层焊装直至形成船体的造船方法。它由整体造船法演变而来，将零部件上船台散装改为以分段为单位上船台安装。这种建造方法船台周期较长、焊接变形较大，难以采用预舾装，可用于建造船台散装件较多的船。

　　（2）塔式建造法。在船台上以某一底部分段为基准分段，由此向前后左右，由下而上地进行装焊，在建造过程中始终保持下面宽、上面窄的宝塔形状。与水平建造法相比，其作业面较广，刚性也稍好，但焊接变形程度仍较大。

　　（3）岛式建造法。由两个或两个以上基准分段同时进行船体总装

的建造方法。它由塔
式建造法发展而来。
岛与岛之间用一个嵌
补分段连接。这种方
法有两个或三个建造
中心，可分别称为二
岛式建造法或三岛式
建造法，它比塔式建
造法作业面更广，焊
接变形较小，适用于

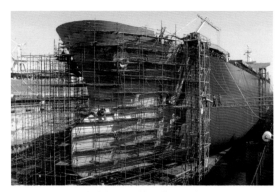

正在进行船壳整体装配的商船

造大船，但嵌补分段的安装难度较大。

（4）总段建造法。以总段作为船体总装单元的建造方法。由于总段较大、刚性好，并有较完整的空间，因此能减少船台工作量和焊接变形，提高总段内预舾装程度，但受船台起重能力的限制较大，一般只用于建造中小型船舶。

批量造船时，常用的总装方式有以下三种。

（1）半串联建造法。当第一艘船在船台末端建造时，第二艘船的尾部在船台前端同时施工，待第一艘船下水后，便将第二艘船的尾部移至船台末端，继续安装其他分段，形成整个船体。与此同时，可在船台前端开始第三艘船尾部的施工。

（2）多工位建造法。这是20世纪70年代建造的船厂所采用的一种建造方式。它以在坞中舾装为目的，将建造工程分为几个阶段，以使船体和舾装的作业量均衡，并在坞中进行主机安装和试车，出坞后可立即进行试航。

（3）运河式船坞建造法。这是利用特殊地理位置建造的一种船坞。两端坞门均可打开，中间还设有一道可移动的闸门，可在船舶建造的不同阶段，将坞隔成不同长度的两部分，以便采用串联法造船。即在长坞内建造第一艘船时，短坞内同时建造第二艘船的尾部，等第一艘船建成出坞之后，移动中间闸门，使第二艘船进入长坞之内，以便继续进行第二艘船中部和首部的建造，同时又可在短坞内开始建造第三艘船的尾部，如此不断循环。

→ 重力式下水方式为何应用广泛

　　船舶下水是在船舶建造工程大部分完工之后，将船舶从建造船台上移至水域的工艺建造过程，因此，这是船舶建造的一项重要组成部分。船舶下水过程是一个很复杂的动力问题，其要考虑到有关船舶的浮性、稳性、阻力、摇摆以及船舶强度等问题，这就牵涉船舶静力学与船舶动力学。船舶下水具有一定的危险性，稍有疏忽，就会造成重大的损失。长期以来，人们对船舶的下水作业十分重视，因此做了大量的研究工作，并摸索出了船舶下水的多种方法。最常用的方法就是重力式下水，即船舶在本身重力的作用下沿着船台倾斜滑道滑入水中。

　　重力式下水方式适合绝大多数船舶，可分为纵向涂油滑道下水、纵向钢珠滑道下水、横向涂油滑道下水。

1. 纵向涂油滑道下水

　　纵向涂油滑道是集船台和滑道于一体的下水设施，其历史悠久，经久耐用。下水操作时先将一定厚度的油脂浇涂在滑道上以减少摩擦力，这种油脂以前多使用牛油，现在多使用一定比例的石蜡、硬脂酸和松香调制而成的混合物。然后将龙骨墩、边墩和支撑全部拆除，使船舶重量移到滑道和滑板上，再松开止滑装置，船舶便和支架、滑板等一

纵向涂油滑道下水的船舶

起沿滑道滑入水中，同时依靠自身浮力漂浮在水面上，从而完成船舶下水。

这种下水方式适用于不同下水重量和船型的船舶，具有设备简单、建造费用少和维护管理方便的优点。不过它也存在较大的缺点：下水工艺复杂；浇涂的油脂受环境温度影响较大，会污染水域；船舶尾浮时会产生很大的首端压力，一些装有球鼻艏和船艏声呐罩的船舶为此不得不加强球鼻艏或暂时不装（待下水后再入坞安装）；船舶在水中的冲程较长，一般要求水域宽度为待下水船舶总长的数倍，必要时还要在待下水船舶上设置锚装置或转向装置，利用拖锚或全浮后转向的方式来控制下水冲程。

2. 纵向钢珠滑道下水

纵向钢珠滑道下水是用一定直径的钢珠代替油脂充当减摩装置，使原来的滑动摩擦变为滚动摩擦，从而降低滑板和滑道之间的摩擦阻力。钢珠可以重复使用，故而该方法的经济性较高。

纵向钢珠滑道下水装置主要由高强度钢珠、保距器和轨板组成。保距器每平方米装有12个钢珠。木质的滑板和滑道上各有一层钢制轨板以防被钢珠压坏，在滑道末端设有钢珠网袋以承接落下的钢珠和保距器。这种下水方式使用时启动快，滑道坡度小，滑板和滑道的宽度也较小，钢珠可以回收重复使用，其下水装置的安装费用和使用费用都比油脂滑道低，而且不受气候影响，下水计算比较准确；但初始投资大，滑板比较笨重，震动大。

3. 横向涂油滑道下水

横向涂油滑道下水是指船舶下水是按船宽方向滑移的，不是船艉先进入水中，而是船舶的一舷先入水。这种方式分为两种操作方式。一种是滑道伸入水中，先将船舶牵引到楔形滑板上，再沿滑道滑移到水中；另一种是滑道末端在垂直岸壁中断，下水时船舶连同下水架、滑板一起坠入水中，再依靠船舶自身浮力和稳性趋于平衡全浮。船舶跌落高度为1～3米。这种方式由于同时使用的滑道多，容易造成下水滑移速度不一样，导致下水事故，而且坠落式下水船舶横摇剧烈，船舶受力大，所以对船舶横向强度和稳性要求较高。

横向涂油滑道下水的船舶

超大型船舶为何要漂浮式下水

漂浮式下水是一种将水用水泵或自流方式注入建造船舶的大坑里，依靠船舶自身的浮力将船浮起的下水方式。该方式适用于超大型船舶。

漂浮式下水使用的船坞分为两种，即造船坞和修船坞，区别在于造船坞比较宽、比较浅，而修船坞比较深。

造船坞是指用来建造船舶和船舶下水的水工建筑物，有单门、双门和母子坞等多种形式，其基本结构是由坞底板、坞墙、坞门和泵房等组成。坞门本身具有压载水舱和进排水系统，安装到位后将水压入坞门水舱内，坞门就会下沉就位，然后在坞外海水的压力下紧紧压在坞门口，再将坞内的水抽干就可以在坞内造船了。船舶建造完成后，通过进排水系统将坞外水域的水引入坞内，船舶依靠浮力起浮，待坞内水面高度和坞外一致时，就可以排出坞门内的压载水起浮船坞门并脱开坞门，然后将船舶用拖船拖出船坞，坞门复位进入下一轮造船。

造船坞下水是一种简便易行的下水方式，其安全性高、工艺简单。这种下水方式可以有效地克服倾斜船台头部标高太大的缺点，降低吊机起吊高度，还不受重力式下水所要求的水域宽度的限制，可以引入机械化施工手段。

修船坞是指用于修理或改装船舶的干船坞，待修船舶的自重和吃水均比新造的船体要大，因此深度大于造船坞。修船坞下水与造船坞下水的过程基本相同。

采用漂浮式下水方式的船舶

机械化下水方式有何利弊

机械化下水是指用某种机械设备将船舶从建造区域移到水中，主要适合中小型船舶。具体来说，机械化下水方式可分为以下八类。

1. 纵向船排滑道机械化下水

纵向船排滑道机械化下水是指船舶在带有滚轮的整体船排或分节船排上建造，下水时用绞车牵引船排沿着倾斜船台上的轨道将船舶送入水中，使船舶全浮的一种下水方式。

分节式船排每节长度是 3 ～ 4 米，宽度是船宽的 80%，高度在 0.4 ～ 0.8 米。由于位于船艏的那节船排要承受较大的首端压力，因此要特别加强其结构。由于船排顶面与滑道平行，而且高度只有 0.4 ～ 0.8 米，所以其滑道水下部分较短，滑道末端水深较浅。采用挠性连接的分节船排时，由于船排可以在船舶起浮后在滑道末端靠拢，因此可以进一步降低滑道水下部分的长度和末端水深。这种滑道技术要求较低，水工施工较简单，投资也较小，而且下水操作平稳安全，主要适用于小型船厂。但由于船排高度小，船底作业很不方便，因此仅适用于小型船舶的下水作业。

为了提高船排滑道的利用率，可以设置横移坑、多船位水平船台和纵向倾斜滑道组合，这样可以大大提高纵向船台的利用率。

2. 两支点纵向滑道机械化下水

这种下水方式使用两辆分开的下水车支撑下水船舶，它可以直接将船舶从水平船台拖曳到倾斜滑道上，从而使船舶下水。这种滑道是用一段圆弧将水平船台和倾斜滑道连接起来，以便移时可以平滑过渡。这种下水方式具有结构简单、施工方便、操作容易的优点。其缺点是由于只有两辆下水车支撑船舶艏、艉，所以对船舶纵向强度要求很高，在尾浮时会产生很大的首端压力，因此只适用于纵向强度很大的船舶。

3. 楔形下水车纵向机械化下水

这种滑道上的下水车架面是水平的或稍有坡度，船舶下水时是平浮起来的，不会产生首端压力，下水工艺简单可靠，适用于较大的船舶下水。将它用横移坑和多船位水平船台连接起来，可以有效地提高滑道使用效率，是一种比较理想的纵向机械化下水方式。其缺点是下水车尾端过高，要求滑道末端水深较大，因而导致水工施工量大，投资大，且滑道末端容易被淤泥覆盖，选用时要充分考虑水文条件。

4. 变坡度横移区纵向滑道机械化下水

这种下水方式的横移区由水平段和变坡段两部分组成。侧翼布置有多船位水平船台的横移区，因移船的需要使横移车轨道呈水平状态，故称水平段；变坡度的横移区其轨道只有一组仍为水平，其他各组均带有一定的坡度，这些轨道的坡度能使横移车在横移过程中逐步改变其纵向坡度，最后获得与纵向滑道相同的坡度，故称变坡段。同时，为使横移车在变坡段仍保持横向水平，带坡度轨道均采用高低两层轨道的设计。

由于横移区具有变坡功能，所以采用纵向倾斜滑道下水。同时，可以在下水滑道纵向轴线处建造一座纵向倾斜船台。通过横移车在水平段实现与水平船台的衔接；在变坡段末端实现与纵向倾斜船台、下水滑道的衔接，使一种下水设施可以供两种船台使用。而且这种滑道是用船台小车兼做下水滑车的，故滑道末端水深较小，滑道建设投资少。

这种下水方式和所有采用纵向下水工艺滑道一样，存在船舶尾浮时首端压力较大的问题，多用于码头岸线紧张而腹地广大的渔船修造厂和中小型船厂。修造船可以在内场水平船台进行，只设一条下水滑道，从而减少滑道水下部分的养护工作量。

这种下水方式在具体操作时可以人工控制载有待下水船舶的船台小车的速度，必要时可以停止下水；也可以用于船舶的上排修理。

5. 高低轨横向滑道机械化下水

高低轨横向滑道由滑道斜坡部分和横移区两部分组成。下水车在滑道斜坡部分移动时，邻水端和靠岸端的走轮各自行走在高低不同的两层轨道上，以保证下水车架面处于水平状态。因此，斜坡部分的高轨和横移区的相应轨道应该用相同半径的圆弧平滑地连接起来。高轨和低轨的高度差应保证邻水端和靠岸端的走轮轴处于同一水平面。过渡曲线上任何两点之间的水平距离应恒等于走轮轴距，这样才能使下水车在下滑的任何位置都能保证水平。

这种下水方式具有布置简单、架面较低、斜坡部分受力时不致出现深陷的凹槽等优点，同时可以在横移区侧翼布置多船位水平船台，机械化程度较高且操作简单可靠，对水域宽度和深度的要求都比纵向下水小得多，下水最大重量为5000吨。但这种下水方式的水工建筑复杂，铺轨精度高，造价也较高。

采用高低轨横向滑道机械化下水方式的船舶

6. 梳式滑道机械化下水

梳式滑道由斜坡滑道和水平横移区两部分组成，而且和横移区侧翼的多船位水平船台相互连接，而船台小车和下水车则分别单独使用。

在斜坡滑道部分铺设若干组轨道，每组轨道上都有一辆单层楔形下水车，每辆下水车都由单独的电动绞车控制。斜坡滑道部分和横移区的轨道交错排列，位于轨道错开地区处于同一水平处的连线被称为 O 轴线，水平轨道和斜坡滑道互相伸过 O 轴线一定长度，形成高低交错的梳齿，所以又被称为梳式滑道，其作用是将水平船台上的待下水船舶转载到楔形下水车上。

具体操作时，将船舶置于船台小车上，开动船台小车做纵向运动，待船舶移到横移区的纵向轨道和横向轨道交错处时，启动小车下部的液压提升装置提升船台小车的走轮，将车架旋转 90°后落下走轮到横移轨道上，开动船台小车将船舶运动到 O 轴线处，然后再次启动船台小车上的提升装置，将船舶略微升高，此时用楔形下水车托住船舶，降下船台小车的提升装置并移开船台小车，船舶即停留在下水车上，最后开动下水车上的电动绞车将船舶送入水中完成下水作业。

船台小车和下水车各自有单独的电动绞车，从而免去穿换钢丝的麻烦，提高了作业的安全性和作业效率；下水车的轮压较低，对斜坡滑道的施工精度要求较低；各个区域的建设独立性较强，可以分期施工。但由于需要自备牵引设备，船台小车结构复杂，且维修烦琐，船台小车走轮转向和 O 轴线处换车作业麻烦，因此使用的船厂不多。

7. 升船机下水

升船机就是在岸壁处建造的一个承载船舶的大型平台，利用卷扬机做垂直升降的下水设施。根据平台和移船轨道的相对位置，可分为纵向和横向两种类型。

船舶下水时，首先驱动卷扬机将升船机平台与移船轨道对准，并用定位设备固定；船舶在移船小车的承载下移动到平台上就位，并带好各种缆索；然后解除定位设备，卷扬机将升船机平台连同下水船舶降入水中，船舶会在自身浮力的作用下自行起浮。升船机结构紧凑，占地面积小，适用于厂区狭小、岸壁陡立、水域受限的船厂，其具有作业平稳、效率高的优点，适用于主导产品定型后的批量生产。但升船机对船舶尺寸的限制较为严格，因此只适用于中小型船厂。

8. 浮船坞下水

利用浮船坞进行下水作业，首先要使浮船坞就位，将坞底板上的轨道和岸上水平船台的轨道对准，用船台小车承载的船舶移入浮船坞，然后断开浮船坞与岸壁的连接。如果坞下水深足够的情况下浮船坞就地下沉，船舶即可自浮出坞；如果坞下水深不足就要将浮船坞拖曳到专门建造的沉坞坑处下沉。

船舶入坞的方式可分为纵移式和横移式。纵移式的浮船坞中心线和水平船台移船轨道平行，可以采用双墙式浮船坞，船舶入坞按船长方向移动。横移式浮船坞多使用单墙式浮船坞，也可使用双墙式浮船坞，但后者的一侧坞墙可以拆除，使用时将浮船坞横靠在水平船台的岸壁，然后拆去靠岸一侧坞墙，将船舶拖入浮船坞，再将活动坞墙装好，最后进行下水作业。

浮船坞下水设施具有与多船位水平船台对接的能力，且造价较低，建造周期也短，下水作业平稳安全，但作业复杂，多数时候要配备深水沉坞坑。

双墙式浮船坞

各类客船有何突出特点

客船是指载运旅客以及行李和邮件的运输船舶。客船一般兼运旅客的车辆和小批量货物。客船的基本特点是：上层建筑发达，用于布置旅客舱室；抗沉、防火、救生等方面的安全要求严格；减摇、避震、隔声等方面的舒适性要求高；航速较快；功率贮备较大。客船绝大多数是定期定线航行，这种客船又称班轮。随着远程航空运输的发展，客船逐渐转为短程运输和旅游服务。客船可分为以下六类。

1. 海洋客船

海洋客船有远洋客船和沿海客货船两种。19世纪40年代远洋运输船逐渐兴起，当时全是客货混装船，后来因客货流量增加，旅客运输和货物运输逐渐分离，纯粹运输旅客的大型远洋客船便由此诞生。远洋客船曾因多兼运载邮件，故又被称为"邮船"。大型远洋客船的吨位一般大于10 000吨，航速在20节以上，有2～3个客舱等级，船上公共活动场所较多。20世纪50年代末远程喷气式客机出现后，逐渐夺走了海洋客船的客源。因大型高速客船建造及维护费用极大，航速又远低于飞机，不适合现代经济需要，使得这种船在此后10多年间走向没落，大型远洋客船的最后一条航线已于1977年10月完全消失。沿海客货船的吨位一般小于6000吨，航速为14～18节，客舱等级较多，载货量较大。

20世纪后期具有代表性的远洋定期客船——伊丽莎白女王Ⅱ号

2. 旅游船

旅游船与大型远洋客船相近，吨位一般为 20 000 ～ 40 000 吨，可载客 800 ～ 1400 人，机舱位于船的中后方，航速为 20 ～ 24 节，它们多在风景秀丽的海域周游巡航或环球定线、定期航行，附带从事港际交通。旅游船既能满足旅游者的要求，同时也可使旅游者达到疗养、度假、文化娱乐、社会活动等目的。船上的卧室和公共场所也分等级，多采用垂向分隔。卧室布置在首部以保持安静，公共场所多种多样，都有广阔的视野。旅游船吃水较浅，续航力较大，有防摇装置以使航行尽量平稳和舒适。

3. 汽车客船

汽车客船是 20 世纪 60 年代初发展起来的一种沿海客船，以运输旅客及其携带的轿车为主，在港时间极短，效率高。现如今海上运输发达国家的重要中短程定期航线和列车渡船航线基本上都已采用汽车客船。汽车客船的吨位多在 4000 吨以下，可载客 700 ～ 1000 人，部分为卧舱和娱乐散座舱。车客比（汽车数与旅客数之比）为 1 : 10 ～ 1 : 5，航速为 16 ～ 18 节。这种船吃水较浅，船较宽大，采用双桨单舵，设防摇鳍和侧推装置。主机为中速柴油机，机舱各出入口置于舷侧以利于上甲板下的车辆甲板（一层或二层）前后贯通。汽车多出船头和船艉的大舱门经过码头的活动桥上下船。近年来由于旅游业的发达，在欧洲国际航线上出现了吨位超过 10 000 吨、车客比达 1 : 3、航速大于 20 节的高速大型汽车客船。

4. 滚装客货船

滚装客货船是 20 世纪 70 年代初在集装箱运输和汽车客船大型化的基础上发展起来的新型高效客货船，多用于沿海中程定期航线。船型与汽车客船相似，车辆甲板有时须多加一层并自带斜跳板，借高效率的滚装工艺缩短船舶在港时间，加快船舶的周转。在波罗的海，这种船以载运旅客、轿车和带轮滚装货为主。

5. 内河客船

内河客船一般是指航行于江河湖泊上的传统客船。其载客量大，停靠频繁，多在浮码头通过舷门装卸小量件杂货和邮件。其主体结构较单薄，如果航段流速小于3米/秒，可不设双层底。内河客船一般有两层甲板，干舷较低，因航段应变方便，所以安全要求较海船要低。上层建筑多延及首尾并向舷外挑伸，以增大载客面积。内河客船多为双桨双舵或三舵。现如今浅水江河湖泊的大型船，其航速一般为12～16节。

内河客船

6. 小型高速客船

小型高速客船是20世纪60年代出现的速度很快的短程客船，多航行于海峡和岛屿间。船体和主机都较小、较轻。航速由早期的18节，逐渐增加到27节左右。水翼船和气垫船也属于小型高速客船，可航行于江河湖泊和海峡上。1980年日本制成小水线面双体客船，是将舱室甲板以小截面支柱支撑在两个潜没水中的浮体上，使船体脱离水面，从而减少了波浪对船体的扰动，改善了适航性并提高了航速。

散货船如何分门别类

散货船是装运谷物、煤、矿砂、盐、水泥等大宗干散货物的船舶的统称，也称干散货船或散装货船。按船舶所装货物的种类，散货船可分为普通散货船、专用散货船、兼用散货船、特种散货船等。

1. 普通散货船

普通散货船一般为单甲板、尾机型，货舱截面呈八角形。由于所运货物种类单一，故对舱室的分隔要求不高，加之各种散货比重相差很大，因此，普通散货船的货舱容积较大，可以满足装载轻货的需要。如需要装载重货，则采用隔舱装载的办法。

普通散货船的船体结构坚固，以适应集中载荷的需要。在大吨位散货船停靠的港口码头上都有相应的装卸设备，所以4万吨以上的普通散货船，尤其是在特定的港口间进行专线运输的普通散货船，一般不设置起货设备。

2. 专用散货船

专用散货船是针对一些大宗、大批量的散货对海上运输技术的特殊要求而设计制造的散货船，主要有运煤船、散粮船、矿砂船以及散装水泥船等，它们各有各的特点。

运煤船的船型接近普通散货船，船上设有良好的通风设备，以防止煤发热自燃。

散粮船的舱容系数比普通散货船大，因为散装粮食的积载因数较大。散粮在船舶航行中会逐渐下沉，一般将散粮船的货舱口围壁加高，并缩小货舱口尺寸，将货物沉降后的底面积限制在舱口范围内。

矿砂船对货舱的容积要求不大，因为矿砂的积载因数较小。但其载荷较集中，为了提高货物重心，改善船舶性能，便于货物装卸，故而常将船舶双层底抬高。且货舱两侧设纵向水密隔舱，使货舱截面呈较小的矿斗形，其船体结构强度也较大。

散粮船

散装水泥船的甲板上不设置吊杆式的起货装置，但为了装卸水泥，故而设有气动式或机械式的水泥装卸设备。为防止散装水泥上扬、水湿结块，所以货舱口设计得较小，且船中部设有集尘室或在舱盖上装有空气过滤器，上甲板和货舱口严格水密。

3. 兼用散货船

兼用散货船是指针对某些特定的散货或大宗货对海上运输技术的特殊要求设计制造，并具有多种装运功能的船舶。它主要包括车辆散货船、矿散油兼用船。

车辆散货船装有若干层悬挂式或折叠式车辆甲板，配以轻便的舱盖，用于装载汽车。车辆甲板一般呈网格式花铁板结构，以减轻重量。当装载散货时，可将舱盖吊到甲板上，并将车辆甲板收起悬挂在主甲板下或折叠起来紧贴在横舱壁旁。

矿散油兼用船的吨位都比较大，舱容丰富：中间为矿砂或其他货舱，开有大舱口，能方便抓斗上下；两侧为油舱，能利用回程和矿砂、散货贸易的淡季装油，以提高船舶的营运经济效益。

车辆散货船

4.特种散货船

特种散货船主要包括大舱口散货船、自卸散货船、浅吃水肥大型船。

大舱口散货船的货舱口宽度达船宽的 70% 以上，并装有起货设备，它既能装载散货，也能装载木材、钢材、橡胶、机械设备、新闻纸以及集装箱等，适应性很强。

自卸散货船是一种具有特殊货舱结构且自带一套自动卸货系统的运输船舶。自卸散货船采用自动化卸货设备，增加了船舶的造价和重量，因此，必须通过提高卸货效率来降低卸货费，加速船舶周转，以获得良好的经济效益。它适用于航程较短及卸货港设备较差的航线上。

浅吃水肥大型船是散货船向大型化发展过程中出现的一种新型船舶，与普通散货船相比，其在吃水不变的情况下增加船宽，采用较大的宽度吃水的办法提高载重量，从而大大提高了船舶运输的经济性。它主要适用于港口和航道水深受限制的水域，也是发展江海联运的首选船型。

集装箱船有何优点

集装箱船又称货柜船、货箱船或箱装船，是装载规格统一的标准货箱（也称为集装箱）的货船。集装箱船的特点是货舱里和甲板上堆放着规格统一的集装箱，舱口又宽又长，甲板较小，常为双船壳，多为尾机型船，上层建筑较短。远洋集装箱船通常采用球鼻艏和方艉。大多数依靠港口专用的起货机装卸，少数也有自带起货设备的。

集装箱船可分为全集装箱船和半集装箱船两种，它的结构和形状与常规货船有明显不同。集装箱船装卸速度快，停港时间短，航速较快，通常为 20 ～ 23 节。近年来为了节能，一般采用 18 节左右的经济航速。沿海短途航行的集装箱船，航速仅为 10 节左右。据统计，美国、英国、日本等国进出口的杂货约有 70% ～ 90% 使用集装箱船运输。

与常规货船相比，集装箱船具有以下优点。

（1）可以节约装卸劳动力，减少运输费用。一般货船采用单件或小型组合件形式装运，费力又费时。集装箱船采用国际统一规格的集装箱运输货物，打破了一捆、一包单件装卸的传统形式，大大减轻了装卸工人的劳动强度，加快了装卸速度，减少了人工装卸费用。

（2）利用集装箱船运输，可以减少货物的损耗和损失，保证运输质量。这是因为货物在生产工厂里就装进了密封的集装箱，中途经公路、铁路、水上运输，均不开箱，可把货物直接运到用户手中。这样可减少货物在运输途中的损耗和遗失，还可节约包装费用。

（3）集装箱船装卸效率高。一艘集装箱船的货物装卸速度大约是相同吨位的普通货船的 3 倍左右，而大型高速集装箱船的装卸速度差不多是同吨位普通货船的 4～5 倍。这样，可减少船舶停靠码头的时间，加快船舶周转，提高船舶、车辆及其他交通工具的利用率。

由于集装箱船进行集装箱运输具有上述优点，所以，集装箱船和集装箱运输得到了迅速发展。同时，集装箱船的出现，对港口、码头又提出了新的要求，因此便出现了传送带、货架搬运车、铲车及各种形式的装卸机，还出现了专门停靠集装箱船的码头。集装箱船码头又长又宽，可停靠各种类型的集装箱船，码头上还有相当宽敞的堆放集装箱的场地。

荷兰鹿特丹港中的集装箱船

正在进行集装箱装卸作业的集装箱船

→ 滚装船为何具有划时代意义

　　滚装船是在汽车轮渡的基础上发展演变而来的。二战后，英国曾用退役的登陆艇开辟了一条通往德国汉堡的定期航线，装载货物的车辆可直接登陆上岸。尽管采用登陆艇进行客货运输的经济性较差，没有推广价值，但它却是交通运输史上具有划时代意义的事件，由此在海洋运输方式中开创了新的形式——滚装运输。

　　20 世纪 50 年代后期，集装箱船诞生后，人们在使用集装箱船的过程中，发现装卸集装箱并不方便，要动用许多吊货装置和起重设备。人们设想将集装箱的装卸方式改为用运货车辆直接进出集装箱船，从而将货物装卸方式从吊上、吊下改为水平方向的作业。20 世纪 60 年代后期，在集装箱船基础上出现了一种新型船舶——滚装船。它可以省去许多装卸、起重设备，简化装卸程序，还可以使集装箱船能在一般码头停靠，不需要对港口码头进行大规模改造。

滚装船造型特殊,其船身高大,有多层甲板。船艏大多装有球鼻,中部线型平直,尾部采用方尾,设有大门或跳板。航行时,折叠式的尾跳板矗立在船艉,驾驶台等上层建筑设置在船艉或船艏。因为滚装船运载的车辆会排出有害气体,所以滚装船对通风的要求较高,在甲板上设有很多通风筒。

滚装船以装满集装箱或货物的车辆为运输单元,车辆通过船上的艏门、艉门或舷门的跳板开进、开出。装载时,汽车及由牵引车辆拖带的挂车通过跳板开进舱内。到达目的港后,放下跳板,然后专门装货的车辆(拖车或铲车)从船的各层甲板开上、开下,进行装卸作业。车辆可直接开往收货单位。

滚装船的装卸效率很高,每小时可达 1000 ~ 2000 吨,而且实现了从发货单位到收货单位的"门—门"直接运输,减少了运输过程中的货损和差错。此外,船与岸都不需要起重设备,即使港口设备条件很差,滚装船也能高效率地装卸。

滚装船具有更好的适应性,它除了能装载集装箱外,还能运载特种货物和各种大件货物,有专门装运钢管、钢板的钢铁滚装船,专门装运铁路车辆的机车车辆滚装船,专门装运钻探设备、农业机械设备的专用滚装船,还可以混装多种物资及用于军事运输。

滚装船的缺点是重心高,稳性较差。滚装船的甲板层数多,一般有 2 ~ 6 层。为使车辆在舱内通行无阻,货舱内不设横舱壁,舱内支柱也很少,因此,滚装船的结构强度和抗沉性较差。而且,横格舱壁少,影响抗沉性,甲板的强度也会受到影响。

开启艉门的滚装船

航行中的滚装船

→ 蓝飘带为何是邮轮最高荣誉

在邮轮问世的初期，各家轮船公司就出现了竞争现象，英国大西方轮船公司的"大西方"号、"大东方"号和库纳德邮轮公司的"天狼星"号等汽船都在争夺以最快速度横渡大西洋的桂冠。到了 19 世纪 60 年代，出现了一项约定俗成的惯例：以最快的平均速度横渡大西洋的船只，有权在主桅上升起一条长长的蓝飘带（这是源于赛马活动的习俗）。从此以后，赢得蓝飘带，特别是在处女航中赢得蓝飘带，成为欧洲各家邮轮公司和邮轮船长的最高荣誉，而且也能为公司招徕更多的乘客。由于受墨西哥湾暖流的影响，横渡大西洋的船只向东航行的船速快于向西航行，因此一艘船打破东航纪录时只是被视为"破纪录者"，只有同时也获得了西航速度的冠军时，才有权升起蓝飘带。

在 1898 年之前，蓝飘带荣誉一直保持在英国邮船的手里，但是德国北德意志—劳埃德航运公司的"威廉大帝"号在这一年夺走了蓝飘带，且此后十年间一直被德国独占。1907 年，英国库纳德邮轮公司的邮轮"卢西塔尼亚"号服役，这是世界上第一艘以蒸汽轮机为动力的客船，航速高达 24 节。其姐妹船"毛里塔尼亚"号在 1909 年再次刷新纪录，航速达到了 26 节，甚至高于当时几乎所有的军舰。这个纪录此后一直保持了 20 年之久。

1907 年的"毛里塔尼亚"号邮船

　　总的来说，库纳德邮轮公司的轮船侧重于速度，它的三艘旗舰船只——"卢西塔尼亚"号、"毛里塔尼亚"号和"阿奎塔尼亚"号（都以古罗马省份命名）都是船艏尖锐如刀刃，船型细长如剑鱼。而英国白星航运公司的轮船更注重舒适性，它从 1908 年起陆续建造的"奥林匹克"号、"泰坦尼克"号和"不列颠尼克"号都以"世界最豪华的邮船"为追求目标，每艘船的总吨位都超过了 4.6 万吨，但最高航速只有 23 节。同一时期，在德皇威廉二世和德国政府的支持下，德国北德意志—劳埃德航运公司和汉堡—美洲航运公司也投入到邮船竞赛中，后者在一战爆发前夕建造了 5.5 万吨级的"祖国"号、"皇帝"号和"俾斯麦"号。

　　第一次世界大战结束后，随着世界经济的复苏以及工业技术的进步，远洋邮轮迎来了其黄金时代。1929 年北德意志—劳埃德航运公司 5.2 万吨的豪华邮轮"不来梅"号在处女航中创造了 27.5 节的航速纪录，从英国人手中夺走了由"毛里塔尼亚"号独占 22 年的蓝飘带。这艘船是德国先进工业技术的结晶，安装了高功率蒸汽轮机和球鼻艏，船上还搭载了弹射器和水上飞机，名义上是为了更快捷地运送邮件，实际上是为了给德国海军培养舰载机飞行员。

　　1933 年，海运大亨哈罗德·霍尔为蓝飘带奖捐赠了一座黄金奖杯，底座上面镌刻着获得过蓝飘带奖的四艘最有传奇色彩的邮船："大西方"号——最早的大型快速邮船；"毛里塔尼亚"号——垄断蓝飘带长达 22 年的英国邮船；"国王"号——当时技术最先进的意大利邮船；"诺曼底"号——世界上最大、最豪华的巨型法国邮船。在 20 世纪 50 年代之后，随着美国"合众国"号以 36 节航速纪录赢得蓝飘带，新的奖杯取消了"毛里塔尼亚"号和"国王"号的浮雕，换上了"合众国"号的浮雕。

保存在美国费城的"合众国"号邮船

　　20 世纪 60 年代中期以后，随着大型喷气式客机陆续投入使用，横越大西洋的航线逐渐被空中航线取代，大型邮船纷纷退出了历史舞台。如今，那些以中低速度巡游于加勒比海、南太平洋、南极、阿拉斯加和地中海的巨型豪华游船取代了大型高速邮船。在横渡大西洋的客运航线上，目前只有英国"伊丽莎白女王"号仍在维持运营，但是在一年中也只有一半的时间从事客运，其他时间则进行加勒比海巡游和环球旅行。曾经象征荣耀与辉煌的蓝飘带奖逐渐式微。在大型邮船退出历史舞台之后，蓝飘带奖成为纯技术上的奖项，授予任何以最快速度横渡大西洋的客运船只。西班牙"加泰罗尼亚"号高速渡船、丹麦"海猫"号高速渡船都获得过蓝飘带奖。

液化天然气运输船为何难以建造

液化天然气（liquefied natural gas，LNG）运输船是指将液化天然气从液化厂运往接收站的专用船舶，简称 LNG 运输船。这种运输船属于高技术、高附加值船舶，因此造价昂贵，被誉为世界造船业"皇冠上的明珠"。目前，只有中国、美国、日本、韩国和欧洲少数几个国家的十余家造船厂能够建造 LNG 运输船。

LNG 的主要成分是甲烷，为便于运输，通常采用在常压下极低温（−163℃）冷冻的方法使其液化。因此 LNG 运输船货舱的结构、采用的材料和隔热装置必须满足极低温运输的要求。其货舱的形状有球形、矩形、棱柱形、圆筒形等。液化气在运载时先通过加压或低温使其液化，然后把液化后的气体用高压泵打入特殊高压液舱内储存。

航行中的 LNG 运输船

LNG 运输船由船壳体、货物围护系统、动力推进系统、装卸货管路系统、蒸发气回收利用系统等组成。与常规的运输船不同，LNG 运输船所运货物为 −163℃的低温液体。从第一艘 LNG 运输船"甲烷先锋"号（由美国康斯托克国际甲烷公司建造）开始，LNG 运输船的安全性一直是行业关注的焦点，维持船体货物围护系统的结构完整性更是关键问题。承载液体的货舱建造材料除了需要具备抵抗弯曲载荷和晃荡冲击的高强度和高韧性外，必须具有可靠的耐低温性能和绝热性能，以及良好的加工工艺成型性和焊接性能。

LNG 运输船按液货舱的结构可分为独立贮罐式和膜式两种。早期的LNG 运输船为独立贮罐式，即将柱形、筒形、球形等形状的贮罐置于船内。贮罐本身具有一定的强度和刚度，船体构件对贮罐仅起支持和固定作用。20 世纪 60 年代后期，出现了膜式 LNG 运输船。这种 LNG 运输船采用双壳结构，船体内壳就是液货舱的承载壳体。在液货舱里衬有一种由镍铁合金薄板制成的膜，它和低温液货直接接触，但仅起阻止液货泄漏的屏障作用，液货施于膜上的载荷均通过膜与船体内壳之间的绝热层直接传到主船体。与独立贮罐式结构相比，膜式结构的优点是容积利用率高，结构重量轻，因此近年来的 LNG 运输船，尤其是大型 LNG 运输船，多数采用膜式结构。这种结构对材料和工艺的要求较高。此外，日本还研发出一种结构介于两者之间的半膜式 LNG 运输船。

除了货物围护系统采用的低温绝热技术以外，液舱晃荡分析技术、建造安装平台技术、装卸货管路系统、动力推进系统、蒸发气回收技术等也都是建造 LNG 运输船所必须具备的关键技术。

LNG 运输船正在输送液化天然气

何为浮式储存及再气化装置

浮式储存及再气化装置（FSRU）是集液化天然气（LNG）接收、存储、转运、再气化外输等多种功能于一体的特种装备，其配备推进系统，同时兼具 LNG 运输船的功能。该装置通常也称 LNG-FSRU。

LNG 通常由船舶从海上运抵购买方，输入岸上的接收终端。选择接收终端地点的一个重要标准，是靠近绝大多数天然气用户，通常会选择发电厂、工业区等人口密集区。

一方面，作为一种清洁能源，LNG 的市场需求量一直在稳定增长，全球已建成数十个 LNG 接收终端，但是 LNG 接收终端与 LNG 需求之间的缺口仍在不断扩大。另一方面，随着人们环保意识越来越强，在沿海建设陆上 LNG 接收终端开始受到越来越多的限制，另外还有投资大、建设周期长及对地理条件要求高等局限。在这样的背景下，人们开始考虑将 LNG 接收终端建设在海上。

目前工业界提出的海上浮式 LNG 接收终端概念中主要的两种是 LNG-FSRU 和 LNG 再气化船。LNG 再气化船通常由 LNG 运输船改装而成，船上装备有再气化设施。LNG 再气化船将 LNG 运送至接收终端，并通过水下转塔装载浮筒（STL）系泊，随后 LNG 再气化船将 LNG 气化为天然气，再通过柔性立管将气体输送到海底气体管路至最终市场。完成卸载工作（一般为 5 ~ 7 天）后，LNG 再气化船与 STL 解除连接，离开接收终端再次运送 LNG。

而 LNG-FSRU 的操作模式则不同，首先在海上建造，安装船型的浮式储存及再气化装置，LNG-FSRU 每几天一次从 LNG 运输船上接收 LNG 液货，船上设置有储存和再气化 LNG 的设备，通常永久系泊于一个海上单点系泊（SPM）系统，该系统可抵抗极端海况。工作时，一艘 LNG 运输船与 LNG-FSRU 通过使用浮式船用护舷板和常规系泊线舷靠舷系泊。然后 LNG 船将 LNG 液货卸载至 LNG-FSRU，根据 LNG 运输船尺度和气体输出率的不同，通常需要 20 ~ 30 个小时完成全部卸载工作。LNG 储存在 LNG-FSRU 船体内的储存舱中。加温后，LNG 将被气化成气体，然后通过柔性立管输送到海底气体管路，再送到最终市场。

克罗地亚首艘 LNG-FSRU（图左蓝色涂装）进行调试工作

自 2005 年全球第一艘 LNG-FSRU 交付以来，目前全球已有数十艘 LNG-FSRU 建成交付，LNG-FSRU 越来越多地受到市场青睐。与传统陆上 LNG 终端相比，LNG FSRU 具有以下优点。

（1）交付时间短、灵活。根据目前的交付记录，新建一艘 LNG-FSRU 需要大概 27 ～ 36 个月的时间，而传统陆上 LNG 终端需要 48 ～ 60 个月，通过现有气体船改造的方式仅需要 18 ～ 24 个月，而利用现有 LNG-FSRU 进行再部署的方式需要的时间更短，埃及艾因苏赫纳项目所需的第二艘 LNG-FSRU 从发起招标到部署到位仅用了 5 个月的时间，这是传统陆上固定终端所无法完成的，同时也说明了 LNG-FSRU 的灵活性，而陆上终端无法移动、重部署。同时，较短的交付时间还可以使项目更早地投产，从而取得收入。

（2）成本较低。新建 LNG-FSRU 项目的投入基本是传统陆上终端的 50% ～ 60%，以储存能力 18 万立方米、产能 300 万吨的项目为例，传统陆上终端需要投入 7.5 亿美元，而 LNG-FSRU 仅需 4.5 亿美元。

（3）社会环境友好。自美国"9·11"事件后，人们越来越担心潜在的恐怖袭击，潜在的危险和公众的反感，使得人口密集区对有关可燃、可爆的工业设施持不欢迎态度，项目受政府审批的难度比较大，同时岸上终端最佳点不一定是 LNG 运输船停泊的最佳场所，而 LNG-FSRU 的特点较好地弥补了传统陆上 LNG 终端的缺点，布置地点较灵活，远离市区、居民区，环境友好，审批比较容易。

克罗地亚首艘 LNG-FSRU 右舷视角

发电船有何市场前景

　　发电船是装有成套发电、输电设备，并且可移动的水上电站。发电船可用于向某一地区或港口供电，是一种清洁能源的供应技术。

　　与传统的陆上发电方案相比，发电船由于建造工程在船厂完成，建造效率高并可有效控制成本，建成投产周期短（陆地发电站建设周期通常在 4 ～ 5 年，而发电船的建设周期一般为 14 个月），而且可以最大限度地减少土地占用面积，无须大量的基础配套设施，审批流程比陆上发电厂要简单。因此，发电船可以快速填补地区电力缺口，虽然对于地区电力基础建设来说并非一个彻底的解决方案，但是能够提供一个缓冲时间，在岛屿和基础设施落后的地区具有较好的市场前景。

　　发电船的显著优势有以下几点。①大多数造船厂和海上施工企业都可以进行发电船的制造和发电设备的安装，发电价格极具竞争力，生产效率高，且位于港口，对土地占用最少，有利于项目实施。②一个设计良好的电力驳船，利用成熟的技术，可以实现高度模块化，省去大量现场调试的工作，从而实现更快地交付。③最常见的是以工程总承包（EPC）模式运行，使用方式包括购买或租赁。发电船是一个低风险的移动资产，一旦购电协议（PPA）终止，发电船可以迅速被运输到另一个地点，从而确保一定的资产价值。④发电船还可以同时为浮式储存及再气化装置（FSRU）提供所需的电力和用于再气化的热能，FSRU与发电船相结合，可以灵活、方便地进入新兴能源市场。

　　从技术特点来看，目前发电船的发电方式主要有两种。①采用高效双燃料发电机组，热效率可以达到45%。其优势在于从待机状态加载至满载可以控制在数分钟以内，同时可以使用多种燃料。②采用燃气轮机，既可以采用简单循环，也可以采用联合循环，采用联合循环整体效率接近55%。采用联合循环时通常需要两个或更多的驳船来容纳所需的设备。

土耳其建造的发电船

各类风电运维船有何作用

风电运维船是用于海上风力发电机组运行、维护的专用船舶,其主要用途为:运输及储藏电器模块及油品,维修工具、日常供给物品等;运输工程师、技术人员和项目组工作人员及考察团人员等;为工作人员提供食宿休息、伤员紧急救助;风场火灾紧急救助等。

风电运维船在波浪中应具有良好的机动性能,在航行中应具有很好的舒适性,能够低速精准地靠泊到风力发电机组的基础,防止对基础造成较大冲击,并能够与基础持续接触,能够安全便利地将人员和设备运送到风力发电机组;船舶甲板区应具有存放工具、备品、备件等物资的集装箱或风力发电机组运维专用设备的区域,并可以进行脱卸;船舶还应具有运维人员短期住宿生活的条件和优良的夜泊功能。

根据海上风电的发展现状,风电运维船主要分以下六类。

(1)普通运维船。泛指用于海上风电工程或运维的交通船。其典型特征为:航速较低,普通舵桨推进,耐波性差,靠泊能力差,装载能力差,安全性差。

(2)专业双体运维船。泛指用于海上风电工程或运维的专业船舶。其典型特征为:稳性好,航速中等(13 ~ 15 节);靠泊能力强,有效波高 1.5 ~ 2 米;甲板面积大,可搭载各种专业运维设备及物资,可拓展性强;船体材料为钢或钢铝混合,建造成本和运营成本低;可居住 10 名运维人员,适合离岸距离 10 ~ 20 海里内的近海风电场。

(3)高速专业双体运维船。该船适合离岸 20 海里以上的海上风电场。其典型特征为:采用喷水推进或螺旋桨推进,航速较高(25 节以上);船体为小水线面机构,耐波性好,靠泊能力强,抗风浪能力强;船体为全铝构造,既可做日常运维船,也可做居住船、交通船及应急救生船。

(4)运维母船。泛指用于远海风电运维,供人员住宿、存放备件的大型船舶。其典型特征为:可提供 40 人以上的住宿,具备一个月以上自持力，靠泊能力优异（有效波高 2.5 米以上），具备动力定位功能，安全性高。

（5）居住船。适合离岸 20～50 海里的海上风电场。其典型特征为：采用双体船结构，稳性好，安全性高，作业面积大，居住空间大（可居住 50 人），功能性强，移动方便，运维成本低（可减少多条运维船舶每日往返的燃油成本），自持力约为 20 天，续航能力约为 500 海里。后甲板作业区备有中型吊机，可安放 3 艘水陆两用船或 3 辆水陆两用车。

（6）自升式运维船。主要用于大部件更换（齿轮箱、叶片、发电机等）的船舶。其典型特征为：具备一定的起重能力，拥有自升式平台，能适应水深 40 米左右的大多数海域作业；适合离岸距离远、水深 40 米左右的海上风电场；海上居住舒适性强，安全性高。

海上风电场运行维护需综合考虑离陆地距离、气象海况、机组故障率、维护行为、发电能力、运维经济性等因素来进行风电运维船的配置。风电运维船配置的一般原则是：天气较好、离陆地较近的采用普通运维船；天气复杂、离陆地较近的采用先进的专业运维船；天气较好、离陆地较远的采用普通运维船或专业运维船和运维母船；天气较复杂、离陆地较远的采用专业运维船和运维母船。

高速专业双体运维船

→ 海洋调查船有何突出特点

海洋调查船是指用于完成海洋表面状态、海流结构、海洋水文气象、地球重力场和磁场、海底结构、海中水声传播规律、海洋生物、地核组成等多学科、多领域的研究考察任务的船舶，是活动的海洋研究基地，堪称开发海洋的尖兵。

最早的海洋调查船是由一般海洋船舶改制而成，例如，英国"挑战者"号是由军舰改装而成，依靠风帆和蒸汽机推进，曾于 1872 年 12 月 7 日至 1876 年 5 月 26 日进行世界上第一次环球海洋考察。后来，出现了专门建造的海洋调查船，船上装有专门的海洋调查、考察的仪器、设备。

按航区不同，海洋调查船可分为近海海洋调查船、远洋海洋调查船和极地海洋调查船；按功能不同，海洋调查船可分为综合海洋调查船和专业海洋调查船。综合海洋调查船的调查内容涉及海洋科学多门分支学科。专业海洋调查船主要有海洋测量船、海洋物理调查船、海洋气象调查船、海洋地球物理调查船、海洋渔业调查船等，各自的主要任务是对海洋科学某一分支学科进行调查研究。世界海洋国家都建有一定数量的海洋调查船，其中综合海洋调查船数量最多。

与一般海洋船舶相比，海洋调查船具有以下特点。

（1）装备有执行考察任务所需的专用仪器装置、起吊设备、工作甲板、研究实验室和能满足全船人员长期工作和生活需要的设施，要有与任务相适应的续航能力和自持能力。

（2）船体坚固，有良好的稳定性和抗浪性。较好的海洋调查船还需尽量降低干舷以便缩小受风面积，增装减摇板和减摇水舱。

（3）具有良好的操纵性能和稳定的慢速推进性能。海洋调查船经济航速一般为 12 ～ 15 节，但常需使用主机额定低速以下的慢速进行测量和拖网。海洋调查船大多采用可变螺距推进器或柴电机组（即用柴油机发电、电动机推进）解决慢速航行问题。为了提高操纵性能，海洋调查船大多在船艏与船艉安装侧向推进器，或者安装"主动舵"，或者两者兼有。

（4）具有精确可靠的导航定位系统。现代海洋调查船大多装有以卫星定位为中心，包括欧米伽、劳兰 A/C 和多普勒声呐在内的组合导航系统。该系统使用电子计算机控制，随时可以提供船位的经纬度，精确度一般为 ±0.1 海里，最佳可达 ±0.4 米。

（5）具有充足完备的供电能力。船上的电站要能满足工作、生活的电气化设备、精密仪器、计算机等所需要的电力和不同规格的稳压电源。仪器用电需与动力用电、生活用电分开，统采取稳压措施。水声专业调查船，需要额外配备无干扰电源。

美国"基洛·莫纳"号海洋调查船

日本"白凤丸"号海洋调查船

→ 侧壁气垫船为何发展迅速

侧壁气垫船是指船体左右两侧各有刚性侧壁插入水中，仅在艏、艉两端设柔性气封装置的气垫船。由于侧壁的作用，气垫内高于大气压力的气体只能从艏、艉两端逸出，所以垫升功率消耗较少。但由于侧壁始终插在水中，所以船体只能沿水面航行，不能两栖运行。船内设有垫升风扇，用来产生增压空气。

侧壁气垫船一般用水螺旋桨或喷水推进，常选用高速柴油机或船用燃气轮机作动力，航速可达 20 ～ 90 节。船体结构材料多采用耐腐蚀高强度铝合金或玻璃钢，大型侧壁气垫船也有用钢材的。侧壁气垫船速度快、操纵性好、甲板面较宽阔，在排水状态时也能与普通船一样低速航行，所消耗的垫升功率较小，经济性比全垫升气垫船好，所以在民用领域可作为高速客船和特种船舶（例如测量船、消防船等）使用；在军用领域可作为巡逻艇、导弹艇、驱逐舰等使用。

由于侧壁气垫船气腔中的空气不易流失，托力比全垫升气垫船大，而且功率消耗小，适合建造大型船只，因而其军用价值颇受各国海军的重视，认为它比全垫升气垫船更有发展前途，美国海军甚至称其为"水面舰艇发展史上的一次重大革命"。特别是近年来，随着围裙寿命提高、造价下降和水下更换围裙技术的进展，以及气垫系统采用航行控制装置，它在波浪中的摇摆性能又大大改善。现代侧壁式气垫船的刚性侧壁已发展为细长的两个船体，兼具高速双体船的优点，又被称为气垫双体船或表面效应船，是一种发展非常迅速的船型。

高速航行的侧壁气垫船

→ 气泡船实用化要克服哪些难题

气泡船是指将空气压入船底，在船底表面形成汽水混合的两相流，以降低液体黏性系数，减小船体的摩擦阻力，达到高效、高速的新型船舶。又称空气润滑船、气浮船。

很早以前，俄国科学家和瑞典科学家就提出设想：在运动船舶的船体外表面和水之间，引入空气和排气形成气幕，可以大幅减少运动船舶的总阻力。1949 年底，瑞典哥德堡船模试验池的埃德斯特兰德提出了气膜减阻原理，但由于空气会自由地飘离船体表面，无法形成气膜，因此试验没有取得成功。

20 世纪 60 年代后，各国对怎样锁定气膜进行了深入研究，基本上形成了两种思路。第一种思路是在平底船上开设一个凹进船底的平面，四周用板材围起来，在船底凹面内通以压缩空气，使大部分气体封存在船底，当然难免还有一小部分气体随船体的移动从船底边缘逃逸出去。这类技术主要应用在低速运输船上，如驳船、货船和大型油船。第二种思路是将船底下一层薄薄的气膜扩展成一个增压气室，最终演变成侧壁式气垫船，成为另一类高性能船舶。

20 世纪 80 年代以后，美国、苏联、法国、澳大利亚、荷兰等国把气幕减阻技术拓展到高速船上，建造了实艇并投入航运。英国、日本、韩国等也相继开展了研究设计工作。进入 20 世纪 90 年代，苏联对气幕减阻技术的研究成果尤为突出，他们将其作为继水翼艇之后的新一代高性能船舶推向国际航运市场。

据俄罗斯克雷洛夫研究院研究成果报导：利用气泡技术可使大多数滑行艇的阻力减小 20%～40%，而消耗在压缩空气上的功率不会大于总功率的 3%，如果改变艇底形状，减阻效果还可提高到 50%。他们成功地研制了两种气泡船，即"林达"号内河气泡艇和"岩羚"号沿海气泡登陆艇。与水翼艇和侧壁气垫船相比，这两种气泡船的经济性指标更好，且具有日常维护和保养简单、出入码头方便、噪声较小、吃水较浅、造价较低等优点。

然而，气泡船的设计思想在工程技术实践中并不容易实现。目前真正用于实船的仅有俄罗斯等极少数国家。气泡船走向实用化，尚需深入探讨气幕减阻机理，使气泡幕能均匀稳定地覆盖在船底，同时减少船在航行时气泡的逃逸量，以及处理好气泡对推进器的不利影响。

应用空气润滑技术的矿砂船"维多利亚海洋"号

→ 深潜救生艇为何数量稀少

深潜救生艇是指能潜入深海营救失事潜艇内的人员的微型小艇，基本结构类似潜艇，由双层壳体及舱室、动力系统、操纵控制系统构成。其排水量为十余吨至数十吨，艇长 9～15 米，艇宽 2.5～4 米，可载 9～24 人。采用电力推进装置，航速为 2～4 节，下潜深度为 600～1000 米。由于深潜救生艇的续航距离较短，通常由深潜救生母船或打捞救生船携载至潜艇失事海区作业。深潜救生艇的下部有连接装置，可与失事潜艇的救生平台相对接，构成通道，用于将失事潜艇内的人员营救到深潜救生艇内。

深潜救生艇执行营救任务时的程序是：深潜救生艇用飞机空运到距失事潜艇海域最近的机场，再转运装上深潜救生母船驶往潜艇失事地点，由深潜救生艇自行前往寻找失事潜艇；利用艇上的机械手可清除艇身周围的杂物，剪除阻碍失事潜艇救生平台的缆索，使结合裙对口连接；与潜艇救生平台可靠对接后，排出结合裙内积水，打开舱口盖，失事潜艇人员进入深潜救生艇内；关闭舱口盖，排出与被救人员相等重量的压载水，向深潜救生母船转送被救人员。

美国 DSRV-1 深潜救生艇

澳大利亚从英国引进的 LR5 深潜救生艇

由于对失事潜艇的救援工作，必须在潜艇失事后 72 ～ 96 个小时内进行，况且，有些潜艇在失事后维持幸存艇员生命的时间甚至还达不到 72 个小时，所以，必须提高抢救速度，赢得时间，同时也要求深潜救生母船有良好的综合性能，以确保营救效率。由于研制深潜救生艇需要很高的综合技术水平，需要进行大量的多学科试验，需要制定设计、建造规范，需要成熟的工艺技术，所以世界上只有少数国家能生产深潜救生艇。

航标船为何至关重要

航标船是指用于定期巡视和检查各处灯塔、灯船和航标情况，并担负在港口、航道或海域中设置航行标志（浮标）任务的专用船舶。它的外形与小型货船相似，在舷部设有货舱及宽敞的甲板，用来贮放大型航标。按作业区域分类，航标船可分为沿岸航标船和江河航标船。

美国海岸警卫队装备的航标船

一般来说，航标船的满载排水量为 100 ～ 2000 吨，航速为 10 ～ 15 节，续航力为 500 ～ 4000 海里，自持力为 8 ～ 50 昼夜。艏甲板上设有起吊航标用的起重机（起吊能力为 1.5 ～ 12 吨）和绞盘，甲板上设航标贮存舱（可载运航标 4 ～ 10 个），甲板室内设航标修理室。航标船的船型较宽，吃水浅，操纵灵活，一般具有较小的舷弧和较低的干舷，并在艏、艉露天甲板上留有较宽阔的操作面积。为保证作业时能低速航行和具有良好的操纵性，航标船一般装有可调螺距螺旋桨、艏侧推器和主动舵，采用柴油机动力装置。航标船还设有容量较大的清水、燃料等舱室，以满足为灯塔供应物资的需要。

在海上交通安全保障体系中，航行标志（浮标）作为航海保障的重要设施之一，具有无可替代的作用。航行标志（浮标）可以为海面上的船舶安全航行提供重要帮助，同时也有助于整个海面上船舶航行状况的畅通与稳定。此外，航行标志（浮标）及其管理工作的发展还能够为海洋资源开发、海洋渔业捕捞、国防建设等工作的开展提供支持与帮助。随着国家相关海洋开发战略的实施，航行标志（浮标）在航海保障方面的作用越来越重要。

奥运会帆船比赛规则是什么

帆船比赛是运动员驾驶帆船在规定的距离内比赛航速的一项运动，是水上运动项目之一。帆船比赛作为一种比赛项目，最早的文字记载见于 1900 多年前古罗马诗人维吉尔的作品中。到了 13 世纪，威尼斯开始定期举行帆船比赛。

现代帆船运动起源于荷兰。1660 年，荷兰阿姆斯特丹市长将一艘名为"玛丽"号的帆船送给了英国国王查理二世。1662 年，查理二世举办了英国与荷兰之间的帆船比赛。1720 年，爱尔兰成立皇家科克帆船俱乐部。1851 年，英国举行环怀特岛国际帆船赛。1870 年，美国和英国首次举行横渡大西洋的美洲杯帆船赛。1896 年，帆船比赛被列为首届奥运会比赛项目，但因天气不好未举行。1900 年第二届奥运会帆船再次被列为比赛项目。当时比赛采用让时间的形式，使比赛显得更加公平。但早期的比赛帆船的各种级别混杂在一起，比较混乱，现在的比赛已经按照级别严格区分，重量和尺寸都相似的赛船被归入同一比赛级别。在很长一段时间里，帆船比赛一直是男女混合项目。直到 1988 年，第二十四届奥运会单独增设女子比赛项目。

帆船比赛主要有两种形式，一种为集体出发的"团队比赛"，另一种为两艘船同时比赛的一对一比赛。只有索林级比赛采用一对一的比赛形式进行，其他比赛都是团队比赛。比赛在海面进行，场地由 3 个浮标构成等边三角形，每段航道长度为 2 ～ 2.5 海里。比赛为绕标航行，共进行 7 场，取其中成绩最好的 6 场之和评定总分，总分少者名次列前。每场计分方法为第一名 0 分，第二名 3 分，第三名 5.7 分，第四名 8 分，第五名 10 分，第六名 11.7 分，第七名 13 分，后续每个名次加 1 分。

帆船可分为稳向板帆艇和龙骨帆艇两类。稳向板帆艇轻快灵活，可在浅水中行驶，奥运会项目中的飞行荷兰人型、荷兰人型、470 型、星型、托纳多型等均属于此类，是国际上使用最普遍的帆船。龙骨帆艇也称稳向舵艇，体积较大，稳定性好，帆力较强，灵活性相对较差，只能在深水中行驶，奥运会项目中的暴风雨型、索林型等均属于此类。

2016 年里约奥运会帆船比赛

2020 年东京奥运会帆船比赛

第 2 章
船 体 篇

　　船体由龙骨、旁龙骨、龙筋、肋骨、船艏柱、船艉柱等构件组成。船体的结构决定其强度的大小，同时强度的大小也决定了船舶的运载能力。通常，人们会根据不同的运载需要而设计不同强度的船体结构。在设计过程中，船体结构应具有良好的连续性，以达到需要的强度。本章主要就船体材料和构造相关问题进行解答。

→ 概　述

　　船体结构又称船舶结构，是由板和骨材组成的船体的总称。船体结构包括主船体、上层建筑两部分。习惯上，前者是指上甲板及其以下的部分，由船底、舷侧、甲板、船端、舱壁等结构组成；后者是指上甲板以上的部分。船体结构的作用是使船具有一定的外部形态及形成可分隔成各种舱室的内部空间，使船具有一定的浮性、稳性和抗沉性。组成船体结构的基本元件被称为构件，沿船长方向延伸的被称为纵向构件，沿船宽方向延伸的被称为横向构件。由构件组成平面结构，再由各平面结构组成立体结构的船舶整体。

　　长期以来，船体结构的主要材料是木材和钢材，近代以钢材为主，此外还有水泥、铝合金、玻璃钢等。船舶所用材料不同，其构件加工、连接及船体建造的方式也不同，从而形成各具特点的结构，如钢船、木船、水泥船及玻璃钢船结构等。而且各种结构又会随着建造技术的发

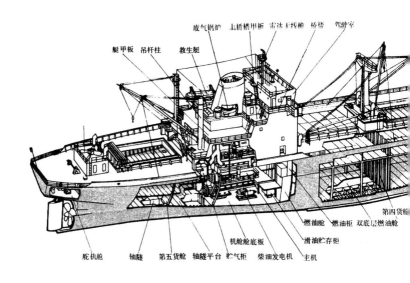

散货船主要部件和主要舱室示意图

展而演变，如钢船建造从铆接发展到焊接后，其结构形式就更加简化、合理了。根据船的不同用途和受力状况，船体结构的构件可采用不同的形状和组合方式，因而又构成了不同形式的结构，如水面舰船结构、潜艇结构等。

无论是航行，还是停泊在坞内，船舶都不可避免地受到各种力的作用，归纳起来主要有重力、浮力、货物的负载、水压力、波浪冲击力、扭力（如斜浪航行、货载对纵中线左右不对称等）、冰块挤压力、水阻力、推力和机械振动力及坞墩反力等外力的作用，这些力的最终效果就是使船舶产生总纵弯曲、扭转、横向及局部变形。因此，船体结构必须具有承受和抵抗上述各种变形的能力，即在保证船体总纵强度、扭转强度、横向强度和局部强度及坐坞强度的基础上，维持船舶的形状空间，保证船舶的水密，安装各种船舶设备和生活设施，载运旅客和货物。

目前，船体结构学已成为一门高度专业化、复杂的工程学科，涉及船舶的结构设计、强度分析、结构优化和船舶结构材料等方面。

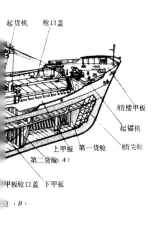

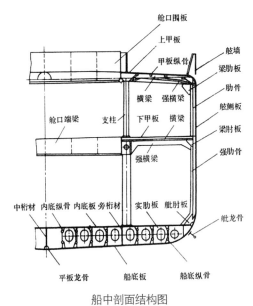

船中剖面结构图

殷瓦钢为何是明珠中的明珠

　　航空母舰、豪华邮轮、液化天然气（LNG）运输船被誉为世界造船业皇冠上的"三颗明珠"。其中，LNG运输船是国际公认的高技术、高难度、高附加值产品，它是在-163℃低温下运输液化天然气的专用船舶，被称为海上"超级冷冻车"。作为LNG运输船的核心材料，殷瓦钢又被称作"明珠中的明珠"。

　　众所周知，绝大多数物体会受热胀冷缩的影响，也就是在受热时体积膨胀，冷却时体积收缩，即使是坚硬的金属也不例外。1896年，法国物理学家纪尧姆意外发现，成分为36%镍、63.8%铁、0.2%碳的镍铁合金出现了反常热膨胀现象，在230℃以下的温度范围内，其尺寸几乎不随温度变化而发生改变。这种镍铁合金因热膨胀系数趋近于零的特性得名invar，意为"不变的"，中文音译为殷瓦或殷瓦钢。而这种反常热膨胀现象被称为殷瓦效应。

　　殷瓦钢因膨胀系数小、导热系数低、塑性和韧性高等特点被称为"金属之王"，被广泛应用在精密激光设备、航天遥感器、特种传输电缆等领域。不过殷瓦钢最重要的应用领域，还是LNG运输船。

　　液化天然气在运输过程中要在-163℃的环境下保持其液态稳定。普通钢材在如此低的温度下会发生冷裂，即材料所受内应力超过材料本身强度极限时形成的裂纹。一旦出现这种情况就会导致液化天然气外泄，后果不堪设想。而只有用殷瓦钢制作的构件能在如此低温环境下不产生形变破坏。因此，殷瓦钢是建造LNG运输船的核心材料。

　　殷瓦钢的特性复杂，所以生产难度很大。除了经历一般钢材的制造过程以外，还要克服殷瓦钢表面硬度低、容易造成轧制缺陷的困难，从而确保殷瓦钢的表面质量。可以说，制造殷瓦钢对材料的纯净度、成分、工业精度等都有非常严格的要求。殷瓦钢制造完成后还要进行焊接，但它的合金含量比一般的钢材要高很多，因此焊接性能较差。殷瓦钢的焊接被称为世界上难度最高的焊接技术，焊接工人要经过大量培训，在通过专业机构的严格考核后才能上岗。

LNG 运输船的液货舱内部非常复杂，其内壁是由一片片殷瓦钢片焊接组合起来的，最薄处仅有 0.7 毫米，光焊缝长度就超过 100 千米。为了保证焊接质量的稳定，造船厂会大量使用自动焊接机器人，整艘 LNG 运输船约有 90% 的殷瓦钢焊接工作是由自动焊接机器人完成的。即便如此，自动焊接机器人无法焊接的一些狭小位置还是需要焊接工人进行手工焊接。

与传统焊接不同，由于殷瓦钢不能接触到水，因为这会让其迅速腐蚀生锈，所以焊接工人在使用氩弧焊枪操作的时候，需要戴上能吸汗的手套，并且还要保证焊接过程中的空气干燥和殷瓦钢表面干净。要知道哪怕有针尖那么大的缝隙，都会造成液化天然气的泄露和爆炸。即便焊接工人不小心掉一滴汗珠，都有可能造成材料的腐蚀。在殷瓦钢的焊接过程中，既不能温度过高，将钢材焊坏形成漏点；也不能温度不够，导致焊接不牢固。可以说，殷瓦钢的焊接极大地考验焊接工人的耐心。

殷瓦钢样品

正是由于殷瓦钢制造困难、焊接不易，所以它的价格非常昂贵。每吨殷瓦钢的价格是普通船板的 20 倍左右。

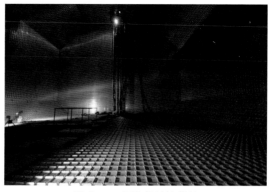

膜式 LNG 运输船的液货舱

船用木材有何特殊要求

自古以来，木材一直是造船的重要材料。由于新型代木材料的发展和有关船舶防火规范的要求，船舶木质内舾装件，如门、窗、桌、椅、壁板等材料逐步被金属材料、非金属材料所取代。但由于木材具有独特的优良性能，大量的船用家具等木质舾装件还是深受广大船员喜爱。船舶在世界各地航行，各地温差和湿差大，因此对使用的木材也有特定的要求。

木材是天然生长的，由无数大小不同的细胞组成的多孔纤维材料。木材由许多长管状细胞构成，细胞腔内含水。当细胞内含水量下降至纤维饱和点（23%～30%）以下时，细胞壁就会收缩，使木材体积缩小。如果将木材浸泡于水中或者暴露于潮湿的空气中吸收水分，其体积则会因为含水量的增加而变大。与金属不同的结构特点，决定了木材的特性。

木材的最大优点是质量轻、强度大。一般木材的密度在 0.5～0.7 克／立方厘米，但单位质量下的强度却很大。木材的导热性小，隔声共振性好，电绝缘性优良。木材的加工极简单方便，只需一般的手工工具或机械就可进行锯、刨、雕刻等切割加工，同时易胶接、榫接、钉接，具有一定的可塑性。木材一经加工，刨切出的美丽花纹及天然色泽是其他材料无法相比的。

木材的缺点主要是变异性较大，不仅是不同树种的木材，即便是同一树种的木材，因产地、生长条件和树干的部位不同，其物理、力学性质、纹理等也差别很大。另外，木材是多孔材料，容易吸水、容易干燥，并容易产生变形，甚至开裂；它还容易燃烧、容易变色、容易被虫蛀、容易腐朽。

造船用的主要树种可分为阔叶树和针叶树两大类。阔叶树大多为落叶树，木质重而硬，故统称硬杂木。硬杂木坚硬耐磨，经加工后大多有美丽的纹理和色泽，宜制作家具、内部装饰胶合板等。过硬的阔叶树加工困难，胀缩变形、翘曲裂缝较显著。针叶树大多为常绿树，木质较软，故俗称软木。软木容重小、易加工，一般树纹顺直、胀缩变形小，有较高的强度和较好的防腐性，并且容易获得尺寸较大的原材料，各种松树、杉树、柏树等都属于此类。

　　船用木材在使用前需要进行干燥，以防止腐朽、变形、开裂，并可减轻质量、提高强度、延长使用寿命，也便于涂布油漆等加工装饰。通常木材的干燥是先用浸水法溶去树木中的树脂，再用自然干燥法，利用空气流动进行干燥，这样成本较低且干燥速度较快。为适应船舶各部位使用环境的要求，还要利用现代技术对木材进行必要的处理，例如，用防腐剂进行防腐处理，延长其使用寿命；用阻燃剂进行防火处理，以提高木材的防火性能等。

现代游船内部的木质家具

以木材为主要材料的 18 世纪瑞典帆船（复制品）

→ 木质和钢质护舷材孰优孰劣

护舷材是指安装于船舶甲板两旁、船壳板上左右两侧，以减少船舶在靠岸停泊或两船靠拢时舷侧撞击河岸而产生的结构冲击的木质或金属防护型材。江河船、工作船通常会设置双行护舷材，一行位于上甲板处，另一行位于比设计水线略高处。大型海船通常不设护舷材。

按布置形式分类，护舷材可分为水平和垂直两种。水平护舷材又有单行与双行之分。

按制造材料分类，护舷材可分为木质和钢质两种。木质护舷材（又称护舷木）缓冲作用好，过去常用。为防止木材损裂，常在其表面覆盖扁钢加以保护，但木材易腐烂，需经常更换。为了节约木材，现在钢船大多采用半圆形或槽形钢板弯成的护舷材，内设纵向加强筋和横向射板以提高其刚性。钢质护舷材虽缓冲作用较差，但强度较好，且可计入船体梁的剖面（必须保证焊接强度），特别对大开口的甲板驳，可弥补甲板有效剖面积的不足，有效地提高了纵向强度。值得一提的是，油驳和小型油船的护舷材不能使用钢质材料。

近年来随着材料性能的改进，如今也可用覆板或加厚板代替护舷材，也称平板式护舷材。

装有护舷材的江河船

→ 胶黏剂在船舶建造中有何作用

在传统船舶建造行业中，多采用铆接、螺接、焊接等固定方式，这些固定方式受材料材质、形状、厚度、大小、硬度等方面的制约，如一些较薄材料的连接和固定，无法取得令人满意的连接和固定效果，而且会影响材料的美观性。传统铆接、螺接、焊接等方式，在连接承重结构时容易产生应力集中，造成船舶主体结构损坏，降低了船舶使用的可靠性，增加了船舶的维护成本。

随着胶黏剂技术的发展成熟，其逐渐取代了传统铆接、螺接、焊接等固定方式。由于船舶长期航行于江、河、湖、海等复杂恶劣环境中，气候多变，突发事故常见，因此对胶黏剂提出了特殊要求，如必须耐海水腐蚀、耐自然老化、耐油、耐高低温交变、阻燃、耐振动，一些舱内粘接要求胶黏剂无毒、无味、美观，船舶建造一般要求现场作业，工艺要求简单、快捷。

目前，胶黏剂在船舶建造中主要应用在以下三个方面。

1. 在船舶船体上的应用

第一，在船体复合材料中的应用。船用玻璃钢，即玻璃纤维增强塑料，已经广泛应用于渔船、游轮、赛艇的制造。与传统材料相比，船用玻璃钢有以下特点：重量轻、强度高、耐腐蚀、抗化学附着，介电性和微波穿透性好，冲击韧性好，外观美观，可设计性优良，成本低廉，工艺简单。玻璃钢在船体装配中一般采用胶接和机械连接并用，既利用了胶接的优越性，又保证了接头的足够强度和可靠性。连接的步骤是先胶接后机械连接。

第二，在船体金属结构中的应用。在船舶的船体金属结构中，大量使用了碳钢、高强度钢、优质碳素结构钢、合金结构钢、铸钢、铸铁以及铝合金、镁铝合金、钛合金等合金材料。这些金属主体结构，一般采用焊接方式进行连接，但为了降低应力集中，提高不同金属材料耐化学腐蚀性，可采用胶接方式进行连接。

2. 在船舶舾装系统中的应用

第一，在船舱泡沫材料中的应用。船舶舱室的夹层结构一般使用蜂窝结构和泡沫材料填充，如聚氨酯泡沫塑料、酚醛泡沫塑料等，蜂窝结构和泡沫材料的使用一方面可以增强舱室的机械性能，另一方面泡沫材料具有良好的隔热、隔音、抗冲击性能，可简化施工工艺。

第二，在船舱地板粘接中的应用。船舱地板材料一般为聚氯乙烯人造革地板、聚氯乙烯硬质地板、聚氯乙烯软质地板和橡胶地板。地板一般通过胶接方式固定到钢板或铝合金板上。舱室地板用胶黏剂要求无毒、无味、阻燃、耐油、耐水耐酸碱腐蚀。

第三，在船舱内饰中的应用。船舱内饰首选的固定方式就是胶接，如仪器、仪表、管路附件、塑料管、塑料面板、壁纸等均使用胶黏剂进行固定。为了保证船员身体健康和舒适性，船舱内饰使用的胶黏剂通常要求无毒、无味、阻燃。

第四，在不易着火甲板基层敷料粘接中的应用。为了防止船舶机舱或货舱着火后，火势蔓延至起居室、控制室，需要在起居室、控制室、走廊、梯道内敷设不易着火甲板基层敷料。不易着火甲板基层敷料具有良好的耐高温性和阻燃性，可以有效防止火势从下层甲板蔓延至上层甲板。对于不易着火甲板基层敷料的粘接，需使用阻燃性胶黏剂。

3. 在船舶机械系统中的应用

第一，在船舶尾轴与螺旋桨连接中的应用。船舶螺旋桨和尾轴过去一直采用"键"连接，这种连接方法对轴孔的连接面要求很高，不但需要很多加工工时，而且还要进行繁重的手工拂刮。"无键胶接"新工艺既省去了键和键槽的加工，又省去了繁重的手工拂刮程序，大大地减轻了劳动强度，缩短了造船周期，同时提高了产品质量，也不会产生因海水腐蚀而使螺旋桨难拆的现象。

第二，在船舶主机导板中心校正中的应用。传统船舶主机导板中心校正采用拉线法，工艺复杂，可靠性低。现在采用胶黏剂填满导板缝隙，固化后一次性定出导板中心，省时、省力，降低了工人劳动强度，可靠性高。

第三，在船舶主机、辅机垫片固定中的应用。船舶主机、辅机通常采用钢质或铸铁垫块与船体结构基座连接，对金属垫块要求特别严格，接触面积不小于 75%，$25 \times 25 \ mm^2$ 范围内要有 $3 \sim 4$ 个触点，所以拂刮主机垫块是一项复杂的工作。使用环氧树脂代替金属垫块，可以缩短造船周期，提高经济效益。

第四，在尾轴与铜套固定中的应用。船舶尾轴作为动力传出部件与螺旋桨直接相连，本身为钢制材料，容易受到海水的腐蚀而影响使用寿命，因此采用铜套保护尾轴免受海水侵蚀。传统方法采用过盈方式进行安装，即加热铜套后套入尾轴，但是这种方法工艺不易掌握，加热温度过高容易使铜套破裂，温度过低也会导致铜套破裂。而使用胶黏剂则大大简化了安装工艺，降低了造船成本，提升了造船效率。

除尾轴与铜套固定需要使用胶黏剂外，船体内部各种阀座的固定也可使用胶黏剂，从而简化工艺，提高效率。

建造时大量采用胶黏剂的玻璃钢渔船

建造中的海洋船舶

→ 修复船舶为何要使用胶黏剂

船舶船体与螺旋桨长期与河水、海水接触，发生腐蚀后，表面会出现裂纹、断裂、穿孔等现象。船舶设备，如动力装置，长期受到振动、磨损、腐蚀等影响，导致零件产生裂纹，形状尺寸发生改变，影响使用性能。船舶机械零件在加工以后，有可能产生砂眼、裂纹、气孔等缺陷，这些缺陷会影响零件的使用寿命和可靠性。

使用胶黏剂修补各种腐蚀、磨损、老化产生的砂眼、气孔、裂纹等缺陷，可以提高工作效率、简化修复工艺、降低维护成本。特别是一些无法使用焊接技术的区域，如水下修补、运输船的油舱、天然气舱，胶黏剂的使用显得更有必要。

具体来说，胶黏剂在船舶修复中主要应用在以下两个方面。

（1）在船舶设备零件砂眼、裂纹、穿孔修复中的应用。船舶许多大型机件，如主机机座、机架、气缸、汽缸盖进气阀等，长期承受巨大的负荷，容易产生裂纹，并且多为铸铁材料，使用焊接技术进行修复难度较大，使用粘接法，既可以解决问题，保证机件的可靠性，又不失美观，且工艺简单，成本较低。

（2）在船舶动力传输装置修复中的应用。船舶动力传输装置的修复不同于其他设备的修复，对于强度要求特别高，焊接技术无法消除内应力，对机械的可靠性会产生不良影响，单纯的胶黏技术无法承受长时间高负荷运作，因此多采用粘接法进行修复。

正在进行修复的船舶

密封胶在船舶建造中有何作用

密封胶是一种可随密封面变化而变形，对密封面浸润性良好，不易流淌，具有一定粘接强度，可防水、防尘、隔热，耐机械振动的密封材料。密封胶与一般胶黏剂相比，对胶接强度要求较低，对浸润性、粘附性、稳定性等性能要求较高，对密封面腐蚀等性能要求不高。

船舶长期航行于江河湖海潮湿环境中，为了保护船舶船体和设备免受腐蚀，需大量使用密封胶。此外，船舶内部有大量管路、电缆也需要进行密封。具体来说，密封胶在船舶建造中主要应用在以下几个方面。

（1）在电缆密封中的使用。为满足船舶抗沉性要求，电缆穿过水密隔板时，为保证舱室和甲板的水密性完好，一般使用密封胶进行密封。

（2）在船舶管路系统中的使用。船舶具有非常复杂的管路系统，自身管道如排水管、蒸汽管、燃油管、润滑油管、冷冻液管、海水管等，配套设施管路还包括石油管道、液化石油天然气管道等，这些管道工作条件各不相同，温度从零下几十摄氏度到上百摄氏度，所承受的压强也不同，最高耐受压强可达 8 兆帕，单纯胶黏剂无法满足这一要求，胶黏剂和密封胶同时使用，可有效降低拆卸难度。

（3）在船舶门窗、甲板、墙面等中的使用。船舶门窗多由铝合金材料制成，为避免船体钢材与门窗铝合金产生电化学腐蚀，使用的粘接型密封胶多为橡胶类密封胶。当船舶甲板使用胶黏剂铺设以后，需使用密封胶填缝，从而大大提高甲板的使用寿命，降低维护成本。

（4）在船舶精密设备中的使用。船舶雷达罩长期在室外耐受恶劣天气侵蚀，对密封性有很高要求。雷达罩一般选择使用寿命较长的弹性密封胶，如聚氨酯密封胶、硅酮密封胶，使用寿命普遍可以达到 15 年以上。船舶"黑匣子"也要使用密封胶，它是记录船舶航行状况的装置，特别是记录发生沉船事故时船体的状况，对于事故分析有重要作用。由于海洋的特殊环境，一般要求密封材料能耐 1100℃高温、60 兆帕高压。

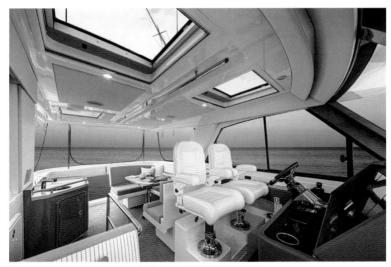

船舶的门窗会大量使用密封胶

→ 船舶各部位对涂料的要求有何不同

　　船舶涂料是涂于船舶各部位，能防止海水、海洋大气腐蚀和海生物附着及满足船舶特殊要求的各种涂料的统称。船舶的各部位处于不同的腐蚀环境中，遭受外界的不同作用，因此对涂料的性能要求各不相同。

　　（1）船底区。船底区长期浸泡在海水中，受到海水的电化学腐蚀和海水的冲刷作用，当船舶停泊于海港时，还会受到海洋生物污损的威胁。此外，船舶通常还采用牺牲阳极或外加电流的方式进行阴极保护，整个船体水下区域将成为阴极，会因过量的氢氧离子呈现碱性。因此，船底区所用的涂料必须具有良好的耐水性、耐碱性、耐磨性，其外层涂料还应具有防止海洋生物附着的防污性。

　　（2）水线区。水线区常处于海水浸泡、冲刷以及日光暴晒的干湿交替状态，即处于飞溅区这一特殊腐蚀环境，因此用于水线部位的涂料必须具有良好的耐水性、耐候性、耐干湿交替性，涂层应具有良好的机械强度、耐摩擦和耐冲击，当船舶采用阴极保护时，还要求涂料具有良好的耐碱性。

（3）大气暴露区。船舶的干舷、上层建筑外部、露天甲板与甲板舾装件等处于海洋大气暴露区，这些部位长年累月地处于含盐的潮湿海洋大气中，又经常受到日光暴晒，有时还受到海浪冲击，因此要求涂料有优良的防锈性、耐候性、抗冲击与摩擦性能。由于上述部位属于船舶外观上的主要部位，因此其面层涂料还需要有良好的保色性和保光性。

美国爱丽涂料公司生产的船用涂料

与民用船舶相比，军舰对涂料的要求更加严格。军舰水线以下的涂装，较多地采用呈铁红色的防锈漆，如氯化橡胶船底防锈漆。当采用环氧沥青船底防锈漆时，则呈现黑色或棕色。军舰的水线部位既可以采用和船底相同的涂料，也可单独采用酚醛、氯化橡胶、环氧沥青等类型的水线漆，前两者呈现红色，后者呈现黑色或棕色。军舰水线以上的外表涂装，更多地考虑隐身问题，因此在视觉上要尽可能和航区的背景色相融，电子隐身方面则掺入雷达吸收波成分，但一般不会改变视觉效果。

船体骨架有哪些排列形式

组成船体的基本结构形式是骨架和板材。按骨架排列形式的不同，船体结构可分为横骨架式、纵骨架式和混合骨架式三种结构形式。

1. 横骨架式船体结构

主船体中甲板和外板里面的支撑骨架，横向构件布置较密，纵向构件布置较稀的船体结构被称为横骨架式船体结构。

横骨架式船体结构的优点：船体结构强度可靠、结构简单、建造容易，由于肋骨及横梁的尺寸均比较小，所以货舱容积损失较少，不影响装卸货物。其缺点：为了承担较大的纵向强度，必须把甲板和船体外板做得较厚，致使船体重量增加，因此横骨架式船体结构仅适用于要求纵向强度不大的中小型船舶。

2. 纵骨架式船体结构

主船体中甲板和外板里面的支撑骨架，纵向构件布置较密，横向构件布置较稀的船体结构一般被称为纵骨架式船体结构。

纵骨架式船体结构的优点：船体纵向强度大，甲板和船体外板可以做得薄些，以减轻船体重量。其缺点：由于货舱内布置有大型肋骨框架，舱容的利用率较低，且货物装卸不便，但它并不妨碍液体货物的装卸。因此，纵骨架式船体结构主要适用于要求纵向强度较高的大型油船。

3. 混合骨架式船体结构

混合骨架式船体结构，其主船体中段的强力甲板和船底采用纵骨架式结构，而舷侧和下甲板采用横骨架式结构，其艏、艉端亦采用横骨架式结构。

混合骨架式船体结构汲取了横骨架式船体结构和纵骨架式船体结构的优点，即船体纵向强度大，也有足够的横向强度，所以目前在大中型干货船上被广泛采用。

采用混合骨架式船体结构的干货船

→ 现代船舶有哪些船艏船艉类型

从平面上来看，船舶前端处叫作船艏。常见的船艏形状有五种：直立型艏、前倾型艏、飞剪型艏、破冰型艏和球鼻型艏。

（1）直立型艏，船艏部轮廓线呈与基线相垂直或接近的直线，艏部甲板面积不大。这种艏型现在主要用于驳船和特种船舶上。

（2）前倾型艏，艏柱呈直线前倾或微带曲线前倾，艏部不易上浪，甲板面积大，在发生碰撞时船体水线以下部分不易受损，外观上比较简洁，有速度感。军用船上多采用直线前倾型，民用船上常用微带曲线前倾型。

（3）飞剪型艏，艏柱在设计水线以上呈凹形曲线，艏部不易上浪，且较大的甲板悬伸部可以扩大甲板面积，有利于布置锚机和系船设备。飞剪型艏常用在远洋航行的大型客船和一些货船上。

（4）破冰型艏，设计水线以下的艏柱呈倾斜状，与基线约呈 30°夹角，以便冲上冰层。该艏型用于破冰船上。

（5）球鼻型艏，设计水线以下的艏部前端有球鼻型的突出体，突出体有多种形状，其作用是减小兴波阻力。球鼻艏多用在大型远洋运输船和一些军舰上，军舰可利用球鼻的突出体安装声呐。

采用球鼻型艏的大型游轮

从平面上来看，船舶后端处叫作船艉。常见的船艉形状有三种：椭圆形艉、巡洋舰形艉、方形艉。

（1）椭圆形艉，船的艉部有短的艉伸部，折角线以上呈椭圆体向上扩展，端部漏出水面较大，桨和舵易受破坏。过去民用船多采用这种艉形，现在仅在某些驳船上可以看到。

（2）巡洋舰形艉，具有光顺曲面的艉伸部，艉部大部分浸入水中，增加了水线长度，有利于减小船的阻力，并有利于对舵和螺旋桨的保护。这种艉形曾经在巡洋舰和民用船上都用得较广，但由于建造麻烦，越来越多的船开始采用削平的巡洋舰艉形。

（3）方形艉，艉部有垂直或斜的艉封板，其他仍保留巡洋舰艉的特点。艉部水流能较平坦地离开船体，使航行阻力减小，艉部甲板面积较大有利于舵机布置，并能防止高速航行时艉部浸水过多。方形艉施工简单，但倒车时阻力偏大。方形艉大多用于航速较高的舰艇及许多货船上。

采用方形艉的货船

→ 舷边有哪些连接方法

舷边是舷顶列板与甲板边板的连接处。舷边处于高应力区域，受力大，此处的连接强度，对于船体承受总纵弯曲的能力具有重要作用。舷边连接方法一般有下列三种。

1. 角钢铆接法

角钢铆接法是一种传统的舷边连接形式，它是将等边角钢，即舷边角钢的两边分别与舷顶列板和甲板边板铆接。这种方法利用了铆接能重新分布应力和止裂的特点，但其工艺复杂、工作量大，不适合现代化工艺的要求，因此在有些船上用扁钢代替角钢，即先将扁钢垂直焊接在甲板边板上，再把扁钢与舷顶列板铆接，这种形式仅作为过渡连接形式，最终也将被淘汰。

2. 圆弧连接法

圆弧连接法是通过圆弧舷板使舷顶列板和甲板连成一个整体。采用这种连接方法能使甲板和舷侧的应力过渡较为顺利、分布均匀，且结构刚性较大，但甲板有效利用面积减少，甲板排水易弄脏舷侧，此外由于线型变化问题，这种方法较适用于船中部位。一般而言，圆弧舷板厚度至少应等于甲板厚度，它的圆弧半径不得小于板厚的15倍，且在船中一定区域内的圆弧舷板上应尽量避免焊接甲板装置。

3. 直角焊接法

直角焊接法是把舷顶列板和甲板直接焊接起来。这种连接法施工简单，但容易造成应力集中而产生裂缝，多用于中小型船舶及有舷边水柜的散装货船等。

现代游轮的舷边

船体最前端的艏柱有哪些种类

艏柱是船体最前端的构件，其作用是连接舷侧外板、甲板和龙骨末端，并加强船艏，保证船艏端形状不变。艏柱承受水压力、波浪冲击力和外部碰撞力，强度要求较高。过去多用铸钢或锻钢制成，目前以钢板艏柱为主。按制造方法分类，艏柱可分为钢板焊接艏柱、铸钢艏柱、锻钢艏柱和混合式艏柱。

1. 钢板焊接艏柱

钢板焊接艏柱由艏柱板、加强材和肘板焊接而成。艏柱板由钢板加工成圆弧形。在艏柱板内侧纵中剖面上装一根 T 形加强材，在艏柱板和加强材之间再用几对肘板连接加强。艏柱板通常都是上部较薄、下部较厚。

钢板焊接艏柱与外板、甲板、龙骨等连接牢固，而且重量轻、制造方便、成本低，碰撞时仅发生局部变形，损坏程度小，且容易修理。一般来说，钢板焊接艏柱适用于中小型船舶。大型船舶的艏柱板较厚，要加工成所需的形状比较困难，过去采用铸钢件较多，现在随着加工能力的提高，也逐渐采用钢板焊接。

2. 铸钢艏柱

铸钢艏柱由铸钢浇铸而成，可以制成较复杂的断面形状，以适应艏端线型和满足强度的要求。不过铸钢艏柱的刚性大而韧性差，受到撞击时容易发生裂缝，而且重量大、制造费工，所以现在较少采用。

3. 混合式艏柱

大型船舶往往采用混合式艏柱。其上半段受力较小，艏柱板较薄，曲率半径较大，加工比较容易，故采用钢板焊接。中段在设计水线附近，断面形状比较尖瘦，下半段与平板龙骨相接，对强度要求较高，断面形状比较复杂，则采用铸钢艏柱。有的混合式艏柱下半段的中间一段用圆钢代替，可减少铸造工作量，施工也方便。混合式艏柱各段之间采用焊接。铸钢部分的两侧各有一凹槽，外板在此与艏柱牢固地焊接在一起。

"玛丽皇后 II" 号游轮的混合式艏柱

→ 各类减摇水舱有何利弊

　　减摇水舱是船舶的一种防摇设备，用来减小船舶的摇摆幅度。其减摇原理主要是利用左右舷侧水舱液位高度不同而产生的横摇复原力矩来抵消波浪、扰动力矩。减摇水舱是减小船舶横摇的有效装置之一，已有百余年的应用与发展历史，目前仍然被广泛采用。

　　减摇水舱的最大优点是能在船舶低速航行时进行减摇，而减摇鳍、减摇舵等则需要船舶达到一定航行速度时方能取得较为理想的减摇效果。因为它们需要依靠航行过程中在鳍、舵等翼形表面产生的升力而产生横摇控制力矩，而该升力在一定范围内与船舶行驶速度的平方成正比，低速航行时，鳍、舵产生的升力很小，根本起不到减摇作用。

　　减摇水舱也存在缺点。只有减摇水舱达到一定的容积，才能使其产生足够的横摇复原力矩，所以减摇水舱占据了船上很大的空间。另外，减摇水舱的自摇频率必须高于船舶横摇的自摇频率，才能实现横摇减摇，否则就会增大横摇幅度，这样就会给减摇水舱的设计带来一定困难，也限制了减摇水舱的工作频率范围。

减摇水舱按照其控制特点可分为主动式减摇水舱、被动式减摇水舱和可控被动式减摇水舱三种类型。

主动式减摇水舱具有减摇效果好、响应速度快等优点，但其系统复杂，造价较高，而且功率消耗非常大，经济性较低，目前已经很少被使用。

被动式减摇水舱结构简单，根据"双共振"原理进行工作，在船舶的谐摇频率范围内具有良好的减摇效果，但其减摇频率范围较小，在低频和高频范围内甚至可能产生增摇效果。对被动式减摇水舱结构的优化设计以及位置的合理布置成为提高被动式减摇水舱性能的关键。

主动式减摇水舱结构图

可控被动式减摇水舱是对被动式减摇水舱的一个重要改进，其充分利用水舱的结构特点，通过少量能量控制水舱顶部气体连通道或底部液体连通道的开口，实现对水舱内液体运动的控制，避免了因减摇水舱不可控而对船舶产生的不利影响。

➡ 舭龙骨如何防摇和减摇

在船体舭部列板外侧，沿船长方向并垂直于舭板安装的纵向构件被称为舭龙骨。船舶在波浪中航行时会产生横摇，安装舭龙骨可以有效减小船舶的横摇，它是一种结构简单、应用广泛的防摇、减摇装置。

舭龙骨的结构形式主要有两种，即单板舭龙骨和双层板空心舭龙骨。一般舭龙骨宽度小于或等于550毫米时宜采用单板舭龙骨，单板舭龙骨的自由边缘应加筋进行加强，多采用钢管，也有采用半圆钢、扁钢等的，而当舭龙骨宽度大于550毫米时，宜采用双层板空心舭龙骨，其两腹板之间的夹角宜为20°～25°，两腹板夹角的边缘用钢管加强。两腹板之间应设置支撑肘板，肘板间距为500～1000毫米，肘板不得与外板相连接，而与腹板的连接可采用塞焊，即肘板边缘加扁钢或折弯边，腹板上开孔进行填塞焊接。

无论是单板舭龙骨，还是双层板空心舭龙骨，其腹板于船体舭板的连接必须采用扁钢过渡。过渡扁钢的厚度与靠近船体的舭龙骨腹板厚度相等，扁钢宽度应不小于10倍厚度。舭龙骨腹板与扁钢之间的焊脚尺寸应该不小于板条与外板之间的焊脚尺寸，从而保证舭龙骨在遭到破坏时，首先在腹板与过渡扁钢之间产生断裂破坏，并保护船体外板的完整性。舭龙骨的布置还应该注意与外板边接缝错开。

舭龙骨纵向端部应在船体刚性构件附近结束，并且端部应在其3～4倍宽度的范围内逐渐减小舭龙骨的宽度，以减小结构突变引起的应力集中。

为什么舭龙骨是安装在舭部而不是安装在船底或舷侧呢？有人曾在船的侧面、舭部和底部等处安装舭龙骨进行试验，试验表明装在舭部的舭龙骨减摇效果最好，分析原因是舭部距船重心最远；舭部曲率大，此处流速较大，因此提高了舭龙骨引起的阻尼力矩。

对减摇效果有影响的另一个因素是舭龙骨的尺寸。首先，舭龙骨的宽度对其减摇效果有影响，因为舭龙骨引起的附加阻尼随宽度增加而增人。其次，舭龙骨的长度对减摇效果有影响。通常舭龙骨的长度为船体长度的1/4～1/2，但因各类船型不同，其长度存在有效值。当超过有效值时再增加其长度，舭龙骨效能变化不大。其原因是靠船艏、艉的舭龙骨处在船舭部曲率减小的位置，故阻尼力矩很小。

舭龙骨

→ 为何减摇鳍的减摇效果最佳

第2章

百余年来，人类一直致力于研究减缓船舶摇摆的措施。世界各国先后研究了近百种不同形式的减摇装置。但目前世界上广泛采用的仅是减摇水舱、舭龙骨和减摇鳍，其中居垄断地位的是减摇鳍，其减摇效果最佳。

简单来说，减摇鳍就是一对帮助船舶在狂风巨浪中保持平衡的人造"鱼翅"。减摇鳍能够提高船舶的安全性，改善船舶的适航性；改善船上工作条件，提高船员工作效率；避免货物碰撞及损伤；提高船舶在风浪中的航速，节省燃料，延长船舶设备的使用寿命；保证特殊作业，如直升机起降、观测仪器准确使用等。

减摇鳍装于船中两舷舭部，剖面为机翼形，又称侧舵。通过操纵机构转动减摇鳍，使水流产生作用力，从而形成减摇力矩，减小摇摆幅度，以便减少船体横摇。该设备结构复杂，造价较高，且减摇效果取决于航速，航速越高，减摇效果越好，故多用于高速船舶。

减摇鳍可分为收放式减摇鳍和不可收放式减摇鳍。不可收放式减摇鳍具有结构简单、体积小、重量轻、可靠性高及成本低等优点，因此被广泛地应用于各类船舶，特别是军用舰艇。一般来说，对于排水量在1000吨以下的船舶，一对不可收放式减摇鳍就能满足船舶减摇要求。由于减摇鳍安装时其外展不能超出船截面的框线，因此鳍的面积不能无限扩张，这样单鳍所能提供的升力有限，对于排水量在1000吨以上的船舶来说，船对抗风浪横摇力矩的扶正力矩往往大于单对鳍所能产生的最大力矩。因此，为了满足这类船舶的减摇要求，往往要在船上安装两对不可收放式减摇鳍。

安装两对减摇鳍时，后鳍会受到前鳍严重的水动力干扰，船体边界层以及船的运动也会对后鳍造成影响，导致后鳍的升力下降。为了提高两对减摇鳍系统的减摇效果，可采用增加前后鳍间距的方法来减小前鳍与后鳍间的相互干扰，采用增加鳍的展向尺寸（鳍面积）的方法来减小船体边界层影响，但由于鳍的安装位置靠近船体纵向的中间部位，故前后鳍的间距受到限制。另外，不可收放式减摇鳍的展长必须限制在船体框线之内，故鳍的展向尺寸也受到限制，所以通过增大鳍面积和增加前后鳍间距来提高减摇鳍的减摇效果具有一定局限性。

减摇鳍

船舶外板各部位有何特点

　　船舶外板是指构成船底、舷侧及艏部外壳的板，俗称船壳板。船体整个外壳是由若干列纵向列板连接而成，从船底中部起至两侧的舷顶止，这些纵向列板依次被称为平板龙骨、龙骨翼板、船底板、舭列板、舷侧外板及舷顶列板。船舶外板的作用是形成水密外壳以保证船体的浮性，同时船舶外板也是参与总纵弯曲和抵抗水压力、波浪冲击力及冰块挤压力的重要构件。

　　船底外板和舷侧外板的结构相似，均是由许多块钢板拼合焊接而成，每块钢板长边沿船长方向排列，这样，钢板的厚度可沿船体横剖面周界变化，并可减少外板端接缝。

　　位于船底中心线处的一列外板被称为平板龙骨（早期船舶采用龙骨，其断面为长方形，被称为方龙骨，后来用较厚的平板制造龙骨，故被称为平板龙骨）。平板龙骨至舭列板之间的船底外板统称为船底板。

　　船底外板离船底中性面较远，又处在水下最深处，受总纵弯曲和静水压力都很大，对保证船体强度十分重要，因此其厚度较大。平板龙骨的厚度由于考虑到进坞修理时龙骨墩的支反力和搁浅时的局部强度，以及平时积水腐蚀等因素，比其他船底板稍厚一些，等于其他船底板厚度的 1.2 ～ 1.4 倍。平板龙骨的宽度自船艏至船艉保持不变。

由于船中部在总纵弯曲时受力最大，而两端受力较小，因此船中部船底各列板厚度较大，并向两端逐渐变薄。但是船舶在大风浪中航行时，在某些瞬间，其艏部船底有可能露出水面，然后又突然下降与水面相击，产生很大的抨击载荷，特别是轻载时，抨击载荷更严重。因此在离艏柱一定范围内，平底的外板厚度并不一定比船中部底板薄。

船厂工人正在修复舷侧外板

单层底和双层底结构有何不同

船底位于船体的最下部，是保证船体总纵强度和局部强度的重要板架结构。在结构力学中将船体视为一段空心薄壁梁，船底是这段薄壁梁的底面，承受了巨大的弯矩。同时，船底直接承受水的压力，各种机械设备、货物、主辅机的重量，以及螺旋桨的振动和装卸货物的冲击力。当船舶搁浅或坐墩时，船底承受了全船的质量。

船底结构分为单层底和双层底，按骨架形式又可分为纵骨架式和横骨架式。装在底部结构上的横向构件被称为肋板，小的纵向构件被称为纵骨，大的纵向构件则被称为龙骨或桁材。

1. 单层底结构

单层底结构只有一层船底板，结构简单，施工方便，但抗沉性差，多用于小型舰艇、小型民用船舶及民用船的艏、艉端。

横骨架式单层底结构由船底板、内龙骨和肋板组成。横骨架式单层底结构的特点是结构简单、建造方便，主要用在拖船、渔船、内河船等小型船舶上。

纵骨架式单层底结构由船底板、内龙骨、肋板和数量较多的船底纵骨组成。纵骨架式单层底结构纵向强度好、结构质量轻，但工艺较复杂，常用于小型舰艇上等。

2. 双层底结构

双层底除了船底板外，还有一层内底板。当船底在触礁和搁浅等意外情况下遭到破损时，双层底能保证船舶的安全。双层底舱的空间可装载燃油、润滑油和淡水，或用作压载水舱。海船从舷尖舱舱壁到尾尖舱舱壁都采用双层底，小型舰艇和内河船仅在机舱等局部区域采用双层底。一般而言，双层底的高度不得小于700毫米，以便于施工建造。对于大型油船，规定必须采用双壳双底结构，即舷部要有内舱壁，底部采用双层底，以防止当船底板破损时原油流出而污染环境。

横骨架式双层底结构由外底板、内底板、底纵桁和各种形式的肋板组成。

纵骨架式双层底结构由外底板、内底板、内外底纵骨、底纵桁和各种形式的肋板组成。

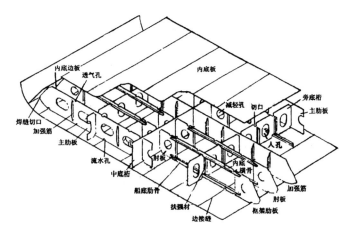

横骨架式双层底结构示意图

艉尖舱如何进行结构加强

艉尖舱是位于船舶尾部最后一道水密横舱壁之后、舱壁甲板或平台甲板之下的船舱。艉尖舱主要作为压载水舱或淡水舱,以调整船舶浮态。艉尖舱比较狭小,一般作为艉压载水舱,它与艏尖舱配合,共同调节船体的纵倾。在散货船上,艉尖舱有时用于装洗舱淡水。如果遭遇特殊情况,艉尖舱还可用作临时的避难场所。

艉尖舱因受螺旋桨引起的振动的影响,且装有舵机,所以结构上需要进行加强。艉尖舱内的肋骨间距不大于600毫米,每挡肋位设置升高肋板,单桨船的肋板应伸至艉轴管以上足够高度,在推进器柱、艉轴架、挂舵臂处的肋板一般应伸至舱顶并加厚。当舷侧为横骨架式时,肋板以上应设置间距不大于2.5米的强胸横梁和舷侧纵桁或开孔平台。艉尖舱悬伸体的中线面应设置纵向制荡舱壁,当悬伸体特别宽大时,最好在中线面左右两侧各设一个制荡舱壁。

艉尖舱内设间断的中内龙骨(船底部一般沿纵向设置1~3道内龙骨,较大一些的船舶则设置5道。设置在船底中心线上的一道被称为中内龙骨,其余的则被称为旁内龙骨),或用数道水平加强筋加强升高肋板。艉尖舱以上的甲板间舱内应设置抗拍击的舷侧纵桁或增加外板厚度,并应设置不大于4个肋距的强肋骨。

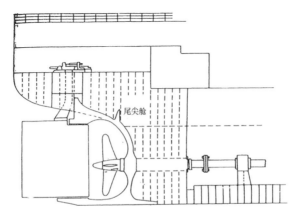

尾尖舱

艉尖舱位置示意图

→ 冰区加强有何重要意义

冰区加强是船舶为适应航行于冰区海域的需要，对船体结构和推进装置等采取的增大强度和适应低温环境下作业的特殊措施。其目的是：加强船舶抵御低温及冰块压力、冲击和挤压船体结构的能力；保障船舶推进和操纵设备能在低温环境下安全、正常地运行。

对船体结构的加强主要包括船体艏、艉两端吃水线上下部位的船体舷侧结构、甲板结构、艏柱、艉部附体、拖带设备、舵及操舵设备等。对推进装置的加强主要包括主机、轴系及齿轮传动装置、螺旋桨、主辅机起动装置和冷却水系统、液压系统、压载管系等。

中国船级社规范根据冰区海域水面冰冻的严重程度，将其划分为B1#、B1、B2、B3和B五个冰级，其中B1#、B1、B2和B3冰级标志的加强，要求分别符合2002年《芬兰—瑞典冰级规则》附件 I 中对 IA Super、IA、IB 及 IC 的有关规定，适用于在冬季航行于北波罗的海的船舶。B 冰级适用于在中国沿海航行的船舶。对不同的冰级，中国船级社规范规定了船舶结构和设备需附加的要求。船舶按中国船级社规范要求加强后，将取得船级社的冰级附加标志。

中国船级社冰级划分

冰级	说明	对应《芬兰—瑞典冰级规则》分级
B1# 冰级	最严重冰况	IA Super
B1 冰级	严重冰况	IA
B2 冰级	中等冰况	IB
B3 冰级	轻度冰况	IC
B 冰级	除大块固定冰以外的漂流浮冰	

当船舶航行于冰区时，吃水线应不超过 LWL 线（船舶设计水线平面与船体型表面艏、艉端交点之间的水平距离）；当船舶航行于冰区时，至少应装载至 BWL 线（指船艏和船艉最小吃水的连线）。

B 冰级的加强要点有：冰带外板厚度至少应为船中部外板厚度的1.25 倍，但不必大于 25 毫米。如果设置中间肋骨，则中间肋骨的垂向设置范围为压载水线以下 1000 毫米至满载水线以上 1000 毫米处；如果不设置中间肋骨，则肋骨间距应为船中部肋骨间距的 60%，但应不大于 500 毫米。钢板焊接艏柱自满载水线以上且 600 毫米处以下部分的板厚应为规范值的 1.1 倍，但不必大于 25 毫米。

在北极海域航行的船舶

在格陵兰海航行的客船

现代船舶如何设置上层建筑

上层建筑原是上层连续甲板以上围蔽建筑物的统称，它分为两种类型：一种是左右两个侧壁与船舷外板相连接，其宽度等于该处船宽；另一种是宽度比该处船宽小，左右两侧壁不与舷侧外板相连接，而与上层连续甲板相接。有时仅把前者称为上层建筑，而后者则被称为甲板室。

上层建筑根据所在位置的不同，有不同的名称，位于船首的称为艏楼，位于船中部的称为桥楼，位于船尾的称为艉楼，习惯上统称它们为船楼。甲板室一般只有船中甲板室和艉甲板室两种。

设置上层建筑与船舶的航海性能及居住条件密切有关。在上层建筑内可设客舱及船员的生活舱室，有的地方如艏楼的甲板间舱还可作为货舱使用，或存放缆绳、灯具、油漆等。

驾驶室设在船中部或尾部上层建筑的上方，有利于扩大驾驶人员的视野。设置上层建筑还能增加船舶的储备浮力。此外，艏楼还可以减少甲板上浪；设于机舱上方的上层建筑可遮蔽机舱的开口。当上层建筑具有足够的长度时，还可以全部或部分地承受船主体的总纵弯曲，这样就提高了船体的总纵强度。

老式货船普遍采用艏楼、桥楼、艉楼的"三岛式"布置形式，而现代的大中型、中机型货船多采用艏楼、船中甲板室、艉甲板室的布置形式，而尾机型货船多采用艏楼、艉楼（或艉甲板室）的布置形式。

中机型干货船的船中部上层建筑一般采用多层甲板室，层数越多，驾驶室位置越高，视野越广，对驾驶越有利，但同时也提高了船舶重心，增大了受风面积，对船舶的稳性不利，所以船中甲板室一般不超过四层。

油船、散装货船和现代的集装箱船、滚装船等都是尾机型，因此它们都有一个较大的艉楼，同时在艏部有一短艏楼。大型油船常在船中部设一短甲板室，其顶层作驾驶室，这样既可改善驾驶和居住条件，又不影响货物装卸。

除艉机型船舶外，一般货船艉部只设置小的甲板室作为居住或工作舱室之用。

　　客船为了多装载旅客，上层建筑十分庞大，通常从艏端稍后处开始一直延续到艉部。

拥有较大艉楼的集装箱船

上层建筑十分庞大的游轮

→ 主上层建筑如何设置层数和层高

主上层建筑的层数和层高，应根据需要的舱室面积、露天上甲板的布置（如运输船货舱口的安排）、内部设备的布置、驾驶视野、重量和重心高度、受风面积等因素来决定。大型运输船舶的体积和吨位较大，舱室面积也可以很大。而中小型船舶的体积和吨位相对较小，船员人数又偏多，舱室空间往往比较紧张。这时应按保证船员必需的生活条件下，尽量不影响船舶的使用效能的原则进行处理，做到二者兼顾。

现代船舶对驾驶视野的要求没有确切的标准。原则上按这样的标准来考虑，从驾驶室里驾驶员眼睛到艏端舷墙顶点引一直线，通常把这一直线与水面的交点和艏柱间的一段区域称为"盲区"。盲区应尽可能小，以便及时发现船艏附近的障碍物，从而采取必要的避让措施。设计时，一般参考实船资料来决定。各类船舶的盲区长度差别较大，盲区较大的船舶，进出港时要采取专人瞭望的办法来避免船舶发生碰撞。

上层建筑的层数与船舶的大小有密切关系，小型船舶为 1 ～ 2 层，中型及大型船舶为 3 ～ 4 层，艉机型的大型船舶考虑驾驶视野，甚至高达 5 层以上。各层自下而上在后端逐渐内缩，长度和宽度应满足舱室、艇设备、机（炉）舱棚和烟囱等布置需要。全寸各层高度，小型船舶为了降低重心，减小受风面积，层高通常压低到 2.1 米。中型以上船舶，层高按舱室用途不同在 2.3 ～ 2.6 米范围内。

艉机型的集装箱船有较高的上层建筑

→ 船体上甲板有何特别之处

上甲板为船体的最高一层全通式甲板，又称上层连续甲板。船体其他各层甲板统称为下甲板。上甲板是在总纵弯曲时受到拉力或压力最大的一层甲板，所以上甲板是保证船体总纵强度的重要结构，船体其他各层甲板在总纵弯曲时受力相对较小。

在主船体中，上甲板的位置最高，离船体中线面最远，所以在船体总纵弯曲时，它的受力最大，同时上甲板是露天的，容易受到风浪的打击，因此上甲板对强度的要求较高，而且必须是水密的，这样可防止波浪打入舱内，从而保证内部舱室的使用和船舶的安全。为了减小上浪和排出甲板积水，上甲板一般设有弦弧和梁拱。

上甲板是各层甲板中最厚的一层，中国船级社规范规定在船中部一定区域内强力甲板的厚度应保持相同，并逐渐向端部甲板厚度过渡，强力甲板（包括端部甲板）的最小厚度应不小于 6 毫米。甲板边板是上甲板受力最大的部位，且容易被甲板积水腐蚀，因此必须连续，厚度也是上甲板中最厚的一列板。在船中部一定区域内的甲板比艏、艉两端和大开口线以内区域的甲板厚。为防止甲板开口角隅处因应力集中而产生裂缝，该处应设计为抛物线形、椭圆形或圆形，并应采取加强措施。

豪华游艇的上甲板

海洋工程船舶如何设置直升机甲板

目前，各国海洋石油行业都在向深水领域进军，海上平台的施工作业安全问题日益成为工程关注的焦点。海上直升机是保证海上石油平台正常运行的一种交通工具，供其起飞及降落的直升机甲板在整个海洋平台的设计中是必不可少的一部分。直升机甲板一般布置在整个平台的上部，在油气生产及处理过程中，平台上部模块的主电站等设施高温烟气的排放及周围高大设备的布置，对直升机在甲板附近的安全起降存在潜在危害。因此，在整个平台的工程设计中，海上直升机甲板的合理布置关乎直升机的作业安全。

直升机甲板主体采用外伸的桁架结构，主要是由加筋面板、T形框架、连接肘板、管支柱焊接而成的刚性结构体。设计时需要根据中国船级社规范对障碍物的限高要求确定直升机甲板平面高度和横向肋位坐标，并充分考虑直升机甲板的总体强度以及节点连接的局部强度。

（1）直升机甲板通道及附件设计。直升机甲板模块设置有主通道、左舷通道、右舷通道三个通道；在直升机甲板边界设置向上倾10°且水平宽度1.5米的安全网；并在直升机甲板的起降区域设置嵌入式栓系点。

（2）消防及疏排水系统设计。在直升机甲板的周边设有防止液体积存和流落到平台其他地方的疏排水系统，可以将平台积液独立快速地排放至舷外或收集起来。在甲板平台的两舷设置有左舷消防系统和右舷消防系统，满足了平台甲板面交叉全覆盖的消防设施要求。

（3）甲板周边灯具的布置设计。在直升机甲板边界按照规范距离要求布置有周界灯和强光照明灯。

（4）甲板标记设计。直升机甲板模块组装完成后，需要按照中国船级社规范要求在甲板面上涂装标识"H"、降落环、起飞质量、起降边界线、无障碍区标识"V"、平台名称等甲板标记。

第
2
章

带有直升机甲板的海洋工程船舶

带有直升机甲板的海上石油平台

船舶机器设备对基座有何要求

为了满足船舶的航行和使用要求，船上需要装置机器设备。将机器设备牢固地固定在船体上的底座结构被称为基座。基座的作用：固定主机、辅机、锅炉和其他装置；将机器设备的重量及其运转时产生的力传递给船体结构；当船体摇摆时，基座能保证机器设备的稳定。因此，基座是保证各种机械装置正常工作的重要结构，必须牢固可靠，否则会影响船舶的航行和其他工作。

基座承受的作用力：各机械设备自身重量；机械设备运转时产生的不平衡力或振动力；船舶剧烈摇荡运动时机械设备产生的惯性力；较长的基座还要承受总纵弯曲应力。因此，基座必须具有足够的强度和刚度，以承受机器的静力和动力载荷以及船舶摇荡时惯性力的作用，而不至于产生较大的变形和振动。基座一般由面板和支持面板的腹板、肘板或支架等组成。机器多用螺栓固定在基座面板上。基座腹板、肘板等需要连接到船体的刚性构架上。

现代船舶内部的机器设备

基座结构应尽量简单、重量轻，其高度应便于机器设备的安装、拆卸，还应满足舱内布置的要求。为了保证机器的正常工作，基座的位置和尺寸与机器的配合要有很高的精确性。基座纵横构架与船体结构之间要采用连续焊接，不可采用间断焊接，以保证焊接的可靠性。基座在装配、焊接过程中力求减少焊接变形，基座的纵横焊缝要尽量与基座中心对称。

船舶如何设置脱险通道

为防止船舶在发生火灾时，旅客和船员可能会遭受火烧、烟雾中毒、缺氧窒息和被灼热气体烫伤等伤害，必须让他们在遭受这些伤害之前，尽快地撤离火灾现场。为了便于人员及时脱险，救护伤员、老弱病残，抢救财产，以及供消防人员进行探火和灭火需要，应在船舶的旅客和船员处所及机器处所等设置安全可靠的脱险通道。

不同船舶类型及船舶处所的脱险通道，各图和法规对其要求也不尽相同。以《国际海上人命安全公约》为例，其要求分为一般要求，控制站、起居处所和服务处所的脱险通道，机器处所的脱险通道，同时，对客船和货船又分别进行了规定。

《国际海上人命安全公约》对船舶脱险通道的一般要求如下。①除另有明文规定外，应为所有处所或处所群至少提供两条彼此远离并随时可用的脱险通道。②乘客及船员起居处所和除机器处所外通常有船员的处所，其梯道和梯子的布置应提供到达救生艇和救生筏登乘甲板的随时可用的脱险通道。③脱险通道的宽度、数量和连续性应满足《消防安全系统规则》的要求。④起居处所、服务处所和控制站内的所有梯道应为钢质框架结构，但主管机关批准使用其他等效材料者除外。⑤不允许设有长度超过 7 米的端部封闭的走廊。⑥脱险通道上的门一般应向逃生的方向开启。

船员正常工作、生活的出入通道是否可以作为脱险通道，而脱险通道能不能作为船员平时使用的工作通道呢？这个问题往往困扰了许多设计和检验人员。其实船员正常的出入通道只要能满足公约和法规对脱险通道的要求，完全可以作为一条脱险通道，脱险通道也可以作为船员的日常出入通道。但是由于脱险通道的内部空间往往比较狭小，出入口的位置也不是特别得方便，不利于船员的日常工作和生活，所以很多船舶宁可多设置一条工作通道，也不会利用脱险通道作为船员的日常工作通道。

国际海事组织规定的国际通用船舶消防应急标志

现代船舶如何布置通风管系

现代船舶常见的通风方式有自然通风、机械通风和空气调节三种。

自然通风是利用空气流动时通风筒内外的压力差，使空气经通风筒排出舱外或进入舱内，或把通风筒对着风向使外界的空气经通风筒进入舱内以达到通风目的的系统。

机械通风是用风机和管道把新鲜空气鼓入舱内或把舱内空气抽出，以达到通风的目的。机械通风主要用于起居舱室和货舱。为避免在恶劣天气或潮湿天气时因通风的原因使湿空气进入货舱，从而引起货物潮湿，甚至发霉变质造成货损，可在普通机械通风机上加置除湿机或除湿剂，从而使输入舱内的新鲜空气变得干燥。

空气调节是对外界空气进行过滤、加热（或冷却）和加湿（或去湿），并把处理后的空气送至各舱室。其作用是调节舱室内的温度和湿度，制造人工小气候，并最终改善船员和旅客的生活居住条件。

无论是哪种通风方式，都离不开通风管系。通风管系的主要作用是对货舱、机舱、客舱、船员起居处所和厨房等舱室进行通风，排除废气，补充新鲜空气，调节舱内的温度和湿度，防止承运的货物变质或自燃，改善旅客和船员的居住环境与工作条件。

通风管系的布置应满足以下要求：通风帽（筒口）应设在开敞甲板上，并尽量远离排气管口、天窗及升降口等处；在开敞的干舷甲板和后升高甲板上的通风筒，甲板以上的围板高度应不小于 900 毫米；通风管不得穿过舱壁甲板以下的水密舱壁；应设有能在外部关闭通风筒的有效装置，从而在火灾发生时能利用其迅速关闭通风筒以控制火势；必要时通风筒口应设风雨密装置（指在任何风浪情况下，船舶开敞部分的开口关闭装置）。

现代船舶的通风管系

→ 货舱形式应满足哪些要求

货舱是指用于载货的舱室。根据船舶种类的不同，有干货舱、液货舱及液化气体货舱等。运输船舶由于装载货物、包装方式及运输方式等的不同，货舱的形式各异，但应满足装卸货效率高、船舶分舱和破舱稳性等基本要求。

货舱数量在两个以上时应自首至尾进行编号。装载件杂货的货舱内有部空间应力求方正，尽量少设或不设支柱，尽可能加大货舱口，以利于装卸。为便于杂货分票堆装，防止压坏下层货物，对型深较大的船在最高连续甲板以下，设置一层或多层甲板，将货舱分隔成底舱和甲板间舱。货舱底部应铺设木铺板或增加内底板厚度，舷侧有木护条，护条间距不得超过300毫米，以免因船舶的摇荡和装卸作业损坏货物或船体。

每一货舱一般仅设置一个货舱口，但一些大尺寸的货舱，有时会设置纵向或横向并列的两个货舱口，如集装箱船、油船及大型的杂货船等。露天甲板上的货舱口应配备水密舱口盖，下层甲板上的货舱口盖应与甲板齐平并具有足够的强度，以利于载货及装卸机械（如铲车）的通行。为了适应装卸机械在舱内作业，甲板间舱应有一定的高度，下层甲板和内底板必须满足装卸机械重载作业的要求。

矿散油兼用船的货舱

装载集装箱的货舱应按集装箱的排列确定其舱长和货舱口尺寸,以提高集装箱的载运数。装载散装谷物的货舱应设置中纵舱壁或可拆卸的木质止移板,或设置顶边舱,或采取能防止散粮移动的其他措施,以减小船舶横摇时散粮移动对稳性的不利影响。专门装载矿砂和煤等散货的货舱,为便于装卸和清舱作业,舱底四周常呈斜坡状。装载矿砂的货舱内还常设置供压载用的顶边舱或边舱,以防压载航行时初稳性高度(指船舶在受到外力时其倾斜角度低于10°~15°时或者其上甲板的边缘开始入水前的稳性)过大而引起剧烈的横摇。

运货木船除甲板驳以外,设在船体中部及其前后用于装载货物的舱室,一般用隔舱板分隔成若干间,分别称前舱、中舱及后舱,或者按顺序编舱号。有的货舱口覆以舱盖板或防雨布;有的货舱上面设置拱篷。改良船型在加强肋骨、脚梁和纵向骨架结构的条件下,应尽可能少用隔舱板,以减少货舱个数,有的甚至只有一个大货舱,以便于装卸。

散货船的水密舱口盖

→ 现代船舶的冷藏舱有何特点

冷藏舱是指设有冷藏设备、专供装载冷藏货物的船舱。冷藏船的货舱全部为冷藏舱，而一般货船则会设有少数几个冷藏舱。

按易腐食物对冷藏温度要求的不同，冷藏舱可分为：在0℃～12℃间载运乳品、蔬菜、水果和鲜蛋等食物的高温冷藏舱；在﹣30℃～0℃间载运冻肉、冻鱼、冻家禽和冰蛋等食物的低温冷藏舱；舱内温度可在一定范围内调节的高低温通用冷藏舱。

冷藏舱设有绝热层和制冷系统，绝热层主要由软木、玻璃棉或泡沫塑料等构成。制冷系统按冷却方式可分为盘管冷却和吹风冷却两种。

为了更有效地抑制霉菌等各类微生物的繁殖甚至杀死它们，以便提高贮运货物的质量，延长安全贮运的时间，在现代冷藏货舱中还配备臭氧发生器来使舱内空气臭氧化。为了能方便而准确地遥测并记录舱内的温度、相对湿度及二氧化碳的含量，在现代冷藏舱中常装有各种远距离测量和记录仪表。

冷藏舱的舱口比一般货舱口更小，舱口盖设有绝热层，除保证水密性外，还须保证气密性。

冷藏舱内部

油船结构有何特别之处

油船是指运输散装石油及成品油的液货船。石油是闪点为 60℃ 左右的易燃品。随着温度的变化，其体积要增减。另外，因为它是液体，所以对船舶稳性不利。油船容易对海洋造成污染。所以，油船的结构与普通的干货船有所不同。

为适应运输对象的特性，油船在结构上有下列特点。

（1）尾机型船。从安全的角度考虑，油船的机舱均设在艉部。这样可以防止烟囱中的火星进入载货区域从而引起火灾等事故，也可以避免油气可能通过机舱后油舱内的螺旋桨主轴轴隧进入机舱。

（2）货油舱与其他舱室之间设有隔离舱。为防止油气进入其他舱室，油船货舱区的前后两端与机舱、船员住室及其他非货油舱之间均设有舱长不小于 760 毫米的隔离舱。许多油船将油泵舱设计成兼作隔离舱。

（3）多数油船货舱内设有纵隔壁。为减小舱内货油自由液面对船舶稳性的影响以及货油对舱壁的冲击力，油船通常设有 1～3 道纵隔壁。为了减少由此引起的油船空船重量的增加，油船货舱的横隔壁多数采用槽形或波形舱壁。

（4）货舱口较小。油船货油的装卸并非经过货舱舱口，而是经过油舱底部的输油干管和支管进出各货油舱。油船货舱口设计较小。通常为油密的圆形或椭圆形开口，舱口盖上设有测量孔和观察孔。每个货油舱舱口均设有固定的钢质扶梯，在扶梯上设有休息平台，以供人员安全上下货油舱。

（5）干舷低。与吨位相近的其他船舶相比，油船的舱口较小、纵向强度较大、抗沉性较好，所以储备浮力可以相应地减小。

（6）甲板上设有人行步桥及各种管系。为了便于低干舷船舶甲板上人员的安全行走，油船在甲板上设有从桥楼到艏楼的人行步桥。在人行步桥下，设有大量管系。这些管系包括货油装卸系统、货油清舱系统、货油加热系统、油舱通气系统、油气驱除系统、洗舱系统、甲板洒水系统、灭火安全系统、惰性气体系统等。

油船专用的港口

正在装载石油的俄罗斯油船

舱口盖设计应满足哪些要求

舱口盖是船上关闭各种舱口的盖子及其启闭装置的统称。舱口盖的主要作用是保证波浪和雨水不会侵入货舱，有的舱口盖还要承担甲板上货物的重量。

按舱口大小分类，舱口盖可分为大型舱口盖和小型舱口盖。前者用于装载大宗干货、物资或车辆等的货舱上，又称货舱盖；后者用于装载液货、冷藏货等的货舱以及人员出入舱口和人孔上。小型舱口盖一般使用人力启闭，大型舱口盖须用电力或液力驱动机械装置启闭。

按盖板材料和形式分类，舱口盖可分为整块木质舱口盖或金属舱口盖、木质拼装舱口盖、由金属或玻璃钢制成的箱形或波纹形剖面板组成的拼装舱口盖等。

按传动方式分类，舱口盖可分为滚动式舱口盖、滚翻式舱口盖（包括竖置型、斜置型、套置型）、滚移式舱口盖（包括侧移型、层叠式、滚卷型）、铰链式舱口盖（包括铰翻型、折叠型）等。

散货船开启大型舱口盖

按封闭性质分类，舱口盖可分为水密舱口盖、油密舱口盖、气密舱口盖和非密舱口盖等。根据不同密性要求在舱口盖盖板与相邻部件间分别配有由压条、填料、垫圈、压紧器等组成的封舱装置或密封装置。

无论是哪种舱口盖，都必须满足以下要求：所有露天甲板上的舱口盖的结构强度应与其相邻结构的强度相当；舱口盖的关闭装置应保证风雨密；车辆甲板的舱口盖上如承受车辆载荷，则舱口盖上的设计压力应按车辆载荷取值校核强度。

如何布置露天甲板舱口围板

舱口围板是指设置于露天甲板（上甲板）货舱开口四周的纵向和横向并与甲板垂直的围板。其作用是补偿甲板结构的强度损失，且可防止打上甲板的海浪灌入舱内，保证船舶安全，并可避免船上工作人员跌入舱内。

露天甲板舱口围板分甲板以上部分和甲板以下部分。

1. 甲板以上舱口围板

目前货船的上甲板舱盖多采用滚动式，滚动式舱盖的舱口围板有纵向围板和横向围板，它们在甲板舱口周围垂直地围成一圈，并与甲板开口边缘焊接。在围板顶上内缘装有一根半圆钢，目的是在装卸货物时可减小吊货钢丝绳与舱口围板的摩擦，使钢丝绳不易断，同时半圆钢可增加舱口围板上缘的刚度。在围板外缘靠顶端处，装有用扁钢或球扁钢制成的水平加强筋（或称水平面板）。它能提高舱口围板的强度，并可用作舱口盖板滚轮的基板。在水平加强筋的下面装有垂直的加强筋或肘板，直达上甲板，以加强舱口围板，并把舱盖重量传给甲板。

甲板以上纵向围板和横向围板之间常用一块弧形围板相连接，这样能提高连接处的强度。有的纵向围板与横向围板间采用直接角接，但甲板伸入围板内，甲板开口角隅仍是曲线形，而且纵向围板在与横向围板相接后再向前延伸两三个肋距，并逐渐减小其高度。

滚动式舱盖的舱口围板甲板以上部分高度一般为 800 ～ 1000 毫米。

第
2
章

2. 甲板以下舱口围板

甲板以下部分的舱口围板，通常是在舱口的四周垂直装设一圈舱口下围板，位置与甲板上围板对齐。围板的上缘与甲板连接，下缘焊接一根圆钢，在圆钢背向舱口的一侧水平地焊接一块扁钢作为水平加强筋。此外，在舱口围板与甲板、强横梁之间装有肘板，以加强围板。圆钢的作用与前面的半圆钢作用相似。

由于货船的甲板纵桁一般位于货舱口两边，甲板以下纵向舱口围板就处在甲板纵桁的位置上，兼起甲板纵桁的作用。同样地，甲板以下横向舱口围板是处在舱口端梁的位置，兼作为这一部分的舱口端梁，它的高度一般与甲板纵桁、舱口端梁的高度一致。为了保证舱口围板与甲板纵桁、舱口端梁的牢固连接，它们相交处用一块菱形面板连接。菱形面板的厚度比相邻的其他面板稍厚一些。为了便于甲板分段建造，一般把横向围板与舱口端梁做成连续的一块，而纵向围板和甲板纵桁是间断的，分别与由横向围板、舱口端梁组成的横向梁材直接焊接。

散货船的露天甲板舱口围板

舷窗为何都是圆形

　　舷窗是指设置在船舶舷侧外板、上层建筑和甲板室外围壁等处，属于船体上的结构开孔，能承受和传递船体一定的结构力，具有水密性的圆形窗，一般由主窗框、玻璃压板、风暴盖等组成。船用舷窗连同其玻璃和舷窗盖（风暴盖）应为坚固的结构，并能有效地关闭和保证水密。

　　为何舷窗都是圆的呢？这是因为根据力学原理，圆形结构比其他形状更能承受压、剪等应力作用。船舶在航行时会受到风浪的影响，所以舷窗会受到很大的风浪作用力；同时风浪的作用和载荷的变化会造成船舶的变形，这些变形的作用力会直接作用在船舶外板上，尤其是主甲板以下的外板。

　　舷窗如果采用矩形或菱形开孔时，变形的应力就很容易汇集在矩形的角上，产生应力集中，当某一角承受的应力超过许用应力时，舷窗角往往会变形或破裂，这将使船体结构的强度大大降低，并影响到船舶的航行安全。而圆形的舷窗就不同了，当某一部位受到外力作用时，它能把这一外力均匀地分散到各个部位上去，这在很大程度上可以避免因某一处应力过分集中而造成破损的现象。

　　同时，同等面积的圆形和其他形状，其他形状的周长都要比圆形的长；反之在周长相同的条件下，圆形比其他任何形状的面积都要大，这就意味着相同的施工量，圆形舷窗的采光量更大。另外，圆形开孔更容易施工，且周长更短，密封效果也更好。此外，圆形看起来也更加美观大方。所以船舶的舷窗一般都会设计成圆形的。

现代游轮的圆形舷窗

→ 如何装设采光和通风天窗

天窗常装设在四壁无法取得充足光线和空气的舱室顶上。从广义上讲，天窗大致可分两类：一类是只做采光用的甲板窗，常用于船员舱、工作室、贮藏间等处；另一类是既能采光，又具有自然通风作用，通常设置在厨房、走道等处的称为甲板天窗，装在机炉舱棚顶的称为机炉舱天窗。

按天窗安装处的密性要求，应装设具有一定高度围壁的窗棚，再在其顶盖上设置可启闭的圆形或方形窗。窗棚的顶面常做成双面或单面斜坡，以有利于泄水和增强采光效果。可启闭天窗设备由铰链天窗盖和传动装置组成。铰链天窗盖包括固定在一个窗框上的数个固定窗组以及由翼形螺母、螺杆等组成的压紧装置；传动装置分手动、链索传动、螺杆传动、液压、电动或气动等几种。中小船舶的住舱、走廊等处天窗可直接手动或使用链索、螺杆传动启闭，而大型船舶机炉舱天窗因位置较高，常使用液压或电动启闭。

天窗的采光面积以及天窗的数目应根据舱室内部光照所需而定。当天窗横向排列时，从船舶结构的功能条件出发，应尽可能少地切断横向肋骨，以免影响船舶局部强度。不同形状的天窗给人以不同的情感气氛，必须结合整体外形及舱室主题选择合适的天窗形状。

内河船舶舱室顶部的天窗

游艇上的天窗

第3章
动力篇

　　自人类发明船舶以来，船舶动力历经多次发展，从发展顺序来看，基本上经历了无动力漂流、人力、风力、蒸汽轮机动力、外燃机动力、内燃机动力、核动力（电力）、混合动力等阶段。本章主要就船舶动力的相关问题进行介绍。

➤ 概　述

船舶动力装置是为保证船舶正常营运而设置的动力设备，为船舶提供各种能量和使用这些能量，以保证船舶正常航行、人员正常生活，并完成各种作业。

船舶动力装置包括三个主要部分：主动力装置、辅助动力装置、其他辅机和设备。

1. 主动力装置

主动力装置又称推进装置，是为船舶提供推进动力，保证船舶以一定速度巡航的各种机械设备，包括主机及其附属设备，是全船的心脏。主动力装置包括主机、传动设备、轴系、推进器等。当主机启动时，即可驱动传动设备和轴系，使推进器工作。当推进器（通常是螺旋桨）在水中旋转时就能使船舶前进或后退。

主动力装置以主机类型命名，主要有蒸汽机、汽轮机、柴油机、燃气轮机和核动力装置五类。现代运输船舶的主机以柴油机为主，在数量上占绝对优势。蒸汽机在船舶发展史上起过重要作用，但如今基本已经被淘汰。汽轮机在大功率船上长期占有优势，但也逐渐被柴油机取代。燃气轮机和核动力装置仅为少数船舶所使用，目前尚未得到推广。

2. 辅助动力装置

辅助动力装置是指用于提供除推进装置以外的各种能量，供船舶航行、作业和生活需要的装置，包括为全船提供电力、照明和其他动力的装置，如发电机组、副锅炉等。

发电机组是船上最重要的辅助动力装置。蒸汽机船上的发电机组由蒸汽机驱动（有时用小型汽轮机驱动），但容量较小，以供照明的电源为主。在汽轮机船上，发电机组由汽轮机驱动，为全船电气设备提供电源。这种汽轮发电机组大部分已系列化，容量从 500 千瓦到 2500 千瓦不等，可以自由选择。在柴油机船上，有 2 ～ 3 台发电机组，由单独设置的中速或高速柴油机驱动。容量根据全船电动机械设备的数量确定，

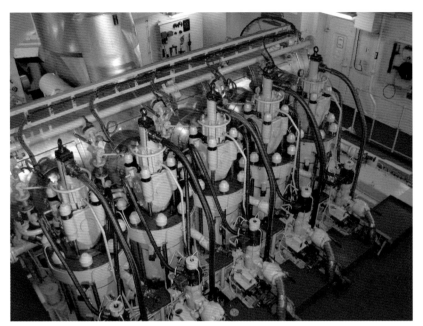

船用五缸柴油机

普遍采用400伏三相交流电,频率有50赫兹和60赫兹两种。副锅炉在蒸汽机船和汽轮机船上供停泊时使用,在柴油机船上供平时取暖和加热使用。柴油机船上的副锅炉的燃料可以是燃油,也可以利用柴油机排出的废气所产生的蒸汽。除发电机组和副锅炉外,由于现代船上液压机械设备的驱动需要,还设有液压动力装置,其主要部件为液压油泵,可以用电动机或单独的柴油机驱动。

3. 其他辅机和设备

随着运输船舶性能的不断完善,船上的辅机和设备也日趋复杂,常见的有以下几类。

(1)船舶甲板机械。它有舵机、锚机、起货机等辅助机械。这些机械在蒸汽机船上用蒸汽作为动力,在柴油机船上早先是采用电动驱动,现在多数已改用液压驱动。

(2)各种管路系统。其主要包括:为全船供应海水和淡水的供水系统;为调节船舶压载用的压载水系统;为排除舱底积水用的舱底水排出系统；为全船提供压缩空气用的压缩空气系统；为灭火用的消防系统等。这些系统所采用的设备如泵和压缩机等绝大部分是电动的，并能自动控制。

（3）机舱自动化设备。它用于保证实现动力装置远距离操纵与集中控制，以改善工作条件，提高工作效率。机舱自动化设备包括自动控制与调节系统、自动操纵系统、集中监测系统。

（4）全船系统。它用于保证船舶生命力和安全，包括为船员和旅客生活服务的取暖、空调、通风、冷藏等系统。这些系统一般可以自动调节和控制。

军舰和民用船舶均有采用的通用电气 LM2500 燃气轮机

→ 船舶航速为何以节为单位

众所周知，在陆地上表示速度所采用的国际通用单位是米 / 秒或千米 / 时，但在海洋中不一样，船舶的航行速度通常用节（Knot）来表示。对此，许多人会感到不解。实际上，节是一种历史悠久的航海速度计量单位，其来源颇有趣味。

缓慢航行的帆船

16 世纪时，欧洲国家的航海技术有了一定的发展，但是由于没有时钟和记录航程的仪器，所以人们无法得知船舶的航行速度。后来，有一位聪明的水手想到了一个记录航行速度的办法：他在船舶前进的时候，把拖有绳索的浮体抛向水面，然后根据一定时间内拉出的绳索长度计算船舶的速度。由于当时使用的是流沙计时器，放出的绳索有时会长短不一，于是水手便在绳索上打了许多等距的结，这样只要计算一定时间内的结数就可以知道船舶的航行速度了。此后，船舶的航行速度便用节来计算，并成为国际上通用的航海速度计量单位。

时至今日，现代船舶的测速仪已经非常先进，随时可以用数字显示出来，"抛绳计节"早已成为历史，但"节"作为航海速度计算单位仍然被沿用。海水流速、海上风速等，也是以"节"为单位。现在国际上通用的是 1 节为 1 海里 / 小时，1 海里约等于 1.852 千米，所以 1 节约等于 1.852 千米 / 时。

需要注意的是，海面上并不适用"千米"这个概念，而是普遍采用"海里"作为海上长度单位。海里原指地球子午线上纬度 1 分的长度，由于地球略呈椭球体状，不同纬度处的1分弧度略有差异。在赤道上1海里约等于1843米；在纬度45°处1海里约等于1852.2米，在两极1海里约等于1861.6米。1929年，国际水文地理学会议确定用所有纬度上的1分平均长度1852米作为1海里。1948年，国际海上人命安全会议承认1852米或6076.115英尺为1海里，故国际上采用1852米作为标准1海里长度。

值得一提的是，船舶上锚链分段制造和使用标志长度单位也用"节"来表示，通常规定锚链长度27.5米为1节。

高速航行的快艇

→ 帆船为何能够逆风航行

帆船本身是没有动力装置的，它们只能靠风力鼓动船帆来航行。所以，相对船身来说，帆通常做得都十分宽大，这样才能更充分地利用风力。

帆船顺风航行的时候能够达到非常快的速度，但是，当它逆风行驶的时候，又是如何航行的呢？其实，挂在桅杆上的风帆能够根据风的方向随时改变角度。帆船逆风行驶的时候，就需要侧转船身，使帆与船身形成一定的角度，帆的一面鼓满风，另一面所受的压力较小，船体就是利用这种压力差不断前进的。当然，如果这样前进的话，帆船的行进方向与目的地方向会出现一定的偏差，所以，帆船航行一段时间后，需要对帆的方向进行调整，从而改变航向，使帆船呈"之"字形前进。

逆风航行的帆船

顺风航行的帆船

→ 船用汽轮机的应用为何受限

　　汽轮机作为船舶动力的历史由来已久。1897 年，英国工程师查尔斯·阿尔杰农·帕森斯首次将 2000 马力（1.5 兆瓦）多级反动式汽轮机装在 44.5 吨的"透平尼亚"号小艇上，蒸汽初压为 1.4 兆帕。这台汽轮机有高压、中压、低压三个汽缸，分别直接带动螺旋桨。"透平尼亚"号小艇在试航时达到 34.5 节航速，超过了当时采用蒸汽机推进的驱逐舰航速，突出了汽轮机在船舶上应用的优越性，此后船用汽轮机得到了较快的发展。20 世纪 60 年代，船用汽轮机已成为运输船舶的主动力装置。

　　船用汽轮机是一种旋转式动力机械，其运行平稳，工作可靠，维护方便。它的工作过程是连续的，可以采用较高的蒸汽初压、初温，并可膨胀到较低的背压，故效率比蒸汽机高。它有很大的通流面积，能通过较大的蒸汽量，单机功率较大，在大中型舰船上逐步取代了蒸汽机。船用汽轮机的最大功率受到螺旋桨的限制，一般不超过60兆瓦。有些大型军舰安装4台汽轮机，总功率达210兆瓦。然而与船用柴油机和燃气机相比，船用汽轮机需要锅炉、凝汽器和管路等，设备较复杂；后动过程较长，操纵性较差；热效率也比柴油机稍低。因此，船用汽轮机现在主要用于核动力军舰和功率大于25兆瓦的民用船舶。

　　船用汽轮机的工作环境和使用条件与电站汽轮机不同。它安装在容易变形的船体基座上，还经常受到船体摇摆、海水冲击的影响。它的正常运转直接关系到全船的安全，因而对可靠性要求更高。它的体积、重量也受到船体的严格限制。船舶在进出港口或执行任务时需要经常变速或倒航，因此对船用汽轮机的机动性也有特殊要求。

液化天然气运输船是少数采用汽轮机推进的民用船舶

船用柴油机有何特点

船用柴油机经济性好、起动容易、与各类船舶有很高适配性，自问世以来很快就被用作船舶推进动力。至 20 世纪 50 年代，在新建造的船舶中，船用柴油机几乎完全取代了蒸汽机。船用柴油机已是民用船舶、中小型舰艇和常规潜艇的主要动力。船用柴油机按其在船舶中的作用可分为主机和辅机：主机用作船舶的推进动力，辅机用来带动发电机、空气压缩机或水泵等。

船用主机大部分时间是在高负荷情况下工作，有时也在变负荷情况下运转。船舶经常在颠簸中航行，所以船用柴油机应能在纵倾 $15°\sim25°$ 和横倾 $15°\sim35°$ 的条件下可靠工作。大多数船舶采用增压柴油机，小功率非增压柴油机仅用在小艇上。低速柴油机大多数为二冲程机，中速柴油机大多数为四冲程机，而高速柴油机则两者皆有。船用二冲程柴油机的扫气形式有回流扫气、"气口—气门"式直流扫气、对置活塞式气口扫气。大功率中低速柴油机广泛地采用重油作为燃料，高速柴油机仍多用轻柴油。

柴油机直接驱动螺旋桨，为了使螺旋桨有高的推进效率，要求有较低的转速。中高速柴油机通过齿轮减速箱驱动螺旋桨，齿轮箱一般还装有倒顺车机构以实现螺旋桨逆转，但低速柴油机和部分中速柴油机本身可以自行逆转。中高速柴油机也有通过发电机—电动机—螺旋桨而实现电传动的。当要求功率较大时也可采用多机并车，低速航行时可以只用一台主机工作，从而提高运行的经济性和可靠性。同船安装两台主机时，根据安装位置和螺旋桨的转向，分为左机和右机。

船用柴油机的主要发展趋势是：改进增压技术（二级增压、超高增压和补燃增压等），以提高单机功率；改善燃烧过程、燃用低质燃油和利用废热，以提高经济性；提高可靠性和延长使用寿命；采用故障预报和监控，以实现柴油机自动化遥控。

第 3 章

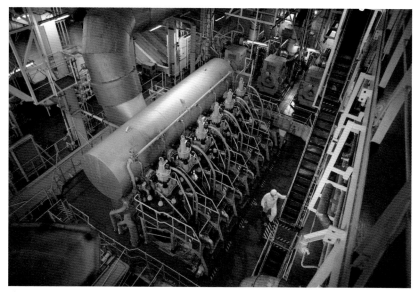

船用柴油机

燃油系统的作用和组成是什么

　　燃油系统的主要任务是为主副柴油机、锅炉等供应足够数量和质量可靠的燃油，以确保船舶动力机械的正常运转。燃油系统主要由燃油舱、沉淀柜、日用柜、驳运泵、调驳阀箱、分油机、粗细滤器、低压输送泵、加热设备及有关的管路和阀件等组成。

1. 注入

　　燃油的注入是指船舶所需燃油自船舶两舷甲板经注入口和注入管路注入主燃油舱。注入时一般使用的是岸上油泵或船上的燃油驳运泵。

2. 贮存

　　燃油一般贮存在深油舱或双层底油舱柜中，油舱柜及系统的布置必须符合下列要求。①燃油舱柜尽可能布置成为船体结构的一部分。布置在双层底内的燃油舱柜，如与滑油舱柜、淡水舱柜、锅炉水舱柜相邻布置时，应以隔离空舱隔开。②燃油舱柜和管系不得直接位于锅炉或其他高温热表面的上方。一般情况下应避免使用孤立架设的燃油柜。③除轻油舱柜外都必须设有加温设备。④燃油舱柜设有透气管与测深管，还必须有溢流管。

3. 驳运

燃油系统中设驳运泵与调驳阀箱，以便将任一油舱柜的燃油驳至沉淀柜或各油舱柜之间的调驳。驳运泵有轻柴油与重油之分，并可互相替代。

4. 净化

对于燃油中所含的水分和杂质通常采用加热、沉淀、过滤和分离等方法进行净化和处理。

燃油的净化设备主要有沉淀柜、滤器、分油机等。燃用轻柴油的小型船舶主要采用滤器净化燃油。大中型船舶多燃用低质燃油，多采用沉淀柜、滤器和分油机来净化燃油。沉淀柜应设置两个，一般燃油在沉淀柜中应至少存放 12 小时。沉淀柜设有透气管、溢流管和放残阀，以便适时地排出水分和残渣，放残阀必须是自闭式的。

分油机是净化效果最好的设备，一般设置 2～3 台，根据油中水和渣的含量确定分水还是分渣，是单独工作还是串联或并联工作。一般重油分油机在燃油含渣较多时，采用串联并且先分水后分渣的顺序工作。分油机主要是将燃油从沉淀柜分至日用柜。

燃油通过沉淀、分离处理后，较大颗粒杂质已被去除，燃油中悬浮的微小颗粒则由系统中的粗滤器、细滤器予以滤去。粗滤器滤掉直径大于 0.102 毫米的杂质，细滤器滤掉直径大于 0.05 毫米的杂质。

5. 供应

燃油供应设备有日用油柜、燃油输送泵、细滤器等。经分油机驳入日用柜的燃油已基本符合燃烧要求，再经燃油输送泵经管路分别输送到主副机喷油泵和锅炉喷油器处。

为了及时了解燃油舱（柜）中的燃油储量、主机的燃油消耗量和系统中各处的燃油温度与压力等，在燃油系统中还设有测量与指示装置，如流量计、温度计和压力表等。

正在注入燃油的游轮

驳船为集装箱船补充燃油

开式和闭式冷却系统孰优孰劣

当船舶柴油机动力装置工作时，有许多机械设备在正常工作中要散发出大量的热量，有摩擦热、作功燃烧热、压缩热等。例如，在柴油机中，燃油燃烧时所放出的热量有 25% ～ 35% 要从汽缸、活塞等部件散出。为了保证热部件温度不致过高而影响正常工作，或者不致因热负荷过大而损坏，必须及时而有效地散发这些热量。通常是使用一定量的液体连续流经受热部件进行冷却，把这些热量携带至被冷却的机械设备以外的地方。

船舶柴油机动力装置中需要散热冷却的机械设备有：主、辅柴油机，包括汽缸、活塞、喷油器、增压器等；主、辅柴油机的滑油冷却器、淡水冷却器等热交换器；轴系中的齿轮箱、轴承、尾轴管等；空气压缩机、冷凝器等设备。冷却系统的功用是对上述需要散热的设备供以足够的淡水、江水、海水或冷却油进行冷却，带走多余的热量，以保证它们在正常温度范围内安全可靠地工作。

根据冷却管路的工作特点，冷却系统可分为开式冷却系统和闭式冷却系统两种形式。

1. 开式冷却系统

开式冷却系统又称单循环冷却系统，是用冷却泵输送舷外水作为冷却工质，直接对主、辅柴油机进行冷却。海水冷却泵将海水自海底门，经通海阀和滤器送至温度调节器，再进入滑油冷却器和主机，冷却有关部位后汇集于总管，从单向阀排至舷外。温度调节器的作用是自动调节冷却水的流量，使滑油温度和进入柴油机的水温保持在允许的范围内。

开式冷却系统的管路设备少，管路简单，维护操作管理方便，水源丰富。不过，开式冷却系统的缺点也很突出。一是冷却水水质差，江水、河水中的各种杂质和水面浮油进入冷却空间后，会造成堵塞或附着在冷却系统表面；海水对金属壁起腐蚀作用并能在冷却空间沉积水垢，以使传热条件变差，使金属壁过热受损。二是舷外水温变化大，直接受季节、区域的影响，变化幅度大，不利于进入柴油机进行冷却。因此，开式冷却系统只能用于小型柴油机和对冷却水要求不十分严格的各种热交换器、空气压缩机、排气管、尾轴管等的冷却。

2. 闭式冷却系统

闭式冷却系统又称间接冷却系统，是利用淡水泵吸入淡水对主、辅机柴油进行冷却，舷外水则通过淡水冷却器带走淡水的多余热量，间接冷却柴油机。

淡水水质好，不会产生堵塞流道和析盐现象，积垢少，便于控制柴油机进出水温度，其经济性较好，可延长机器零部件的寿命。但闭式冷却系统的管路设备多、管路复杂、维修管理不便。闭式冷却系统广泛地用于大中型船舶。

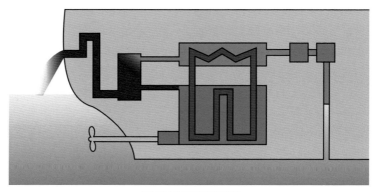

开式冷却系统示意图

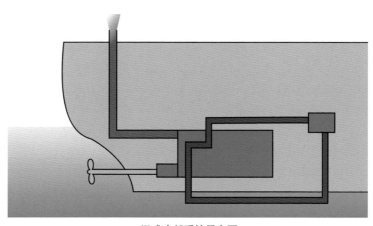

闭式冷却系统示意图

船用锅炉与陆用锅炉有何不同

　　船用锅炉是指满足船用条件，为主机、辅助机械及生活杂用提供蒸汽的设备。蒸汽动力装置船上为主机供应蒸汽的锅炉称为主锅炉；在柴油机和燃气轮机装置船上为生活杂用和辅助机械提供蒸汽的锅炉称为辅锅炉；利用主机排气余热的锅炉称为废气锅炉。

　　船用锅炉与陆用锅炉的不同之处在于其对外形、尺寸和重量有严格的限制。例如，在军舰上宁可牺牲锅炉的热效率也不设置空气预热器，甚至也不设置省煤器。在结构上，船用锅炉应能适应船舶摇摆、倾斜和冲击等航行条件。船用锅炉要有一定的汽、水贮存容积，以适应蒸汽动力机械频繁和大幅度改变负荷的需要。为了满足轻、小和机动性高的要求，船用锅炉普遍燃用重油。船用锅炉蒸发量为 10 ～ 200 吨 / 时，蒸汽参数略低于相应蒸发量的电站锅炉。

　　现代船用主锅炉都采用弯水管锅炉，大多是锅筒式自然循环锅炉，很少采用强制循环锅炉，更不采用直流锅炉。船用辅锅炉一般为火管锅炉。船用锅炉上使用的燃烧器也与陆用锅炉使用的不同，是以 AW 型转杯式燃烧器为主。

第 3 章

苏格兰式船用锅炉

现代船舶如何布置锅炉舱及锅炉

锅炉舱是指安置锅炉及其附属设备的舱。锅炉舱常与机舱相邻，以缩短蒸汽管系，便于工作联系。为避免轴系通过锅炉舱过长，该舱一般位于机舱前方。两舱间舱壁上一般装有按要求能关闭的水密门，既能供人员通行，又便于在机舱破损进水的情况下及时关闭水密门，保证整体的抗沉性。舱内设有带扶手的扶梯和不妨碍空气流通的金属格栅，内底板上铺设活动结构形式的防滑花钢板。舱顶设有炉舱棚，供通风、采光、排烟，设置锅炉舱出入口和吊放锅炉及其附件用的吊机口。锅炉舱内温度较高，故设有机械通风以改善人员工作条件。

小型船舶因空间受限制，常将锅炉与主、辅机一同置于机舱内，或将锅炉舱设于机舱内，如汽轮机船。内燃机船舶的辅锅炉通常也安置在机舱内，为缩短机舱长度，常将锅炉或辅锅炉置于机舱内的平台甲板上。

无论什么形式的船用锅炉，在舱内安装时，都必须满足操作、管理和维修的要求，同时还要保证船用锅炉能安全经济地运行。其具体要求有以下几个方面。

（1）锅炉炉门框外缘与舱壁之间的间距要求：卧式烟管锅炉，此间距应能满足拆装烟管和炉胆的要求，一般应不小于烟管长度加200毫米。水管锅炉或立式烟管锅炉，此间距应能保证正常操作的要求。

（2）除炉门前面按上述要求外，锅炉其他三面的间距要求如下：主锅炉其他三个方向均有一人宽的通道，且通道宽度不小于450毫米。辅锅炉和废气锅炉的其他三个方向至少两个方向（后端面及一个侧面）应有一人宽的通道，且通道宽度不小于450毫米，另一侧与船体的间距一般应不小于200毫米。

（3）锅炉上方的空间应能保证便于操作和检修锅炉。舱顶应有舱棚天窗，不允许在炉舱或锅炉上方直接设置居住舱室。

（4）锅炉底部与船体的间距要求如下。①卧式烟管主锅炉的筒壳与船体内底板的间距不小于450毫米，如果锅炉舱的尺寸不够，此尺寸可缩小到300毫米，但船体内底板应比原规定厚度增加2毫米。

在双层底的船上，锅炉筒壳板与船体肋板上缘的间距应不小于 150 毫米，且应能保证检查锅炉下部，此时锅炉下面的舱底应铺上一层耐火水泥。②水管主锅炉的灰坑底部与船体内底板的间距应不小于 600 毫米。③辅锅炉和废气锅炉的底部与船体的间距，应不影响锅炉的操作和检修。

（5）当锅炉装在机舱内时，要尽可能将锅炉安装成后封头朝向主机，此时锅炉后封头与主机最突出部分的间距应不小于 1500 毫米。当锅炉前封头朝向主机时，其间距应符合（1）的相关要求。

（6）辅锅炉装于机舱时，周围应设置围板。如果辅锅炉装在机舱的甲板以上，可不设围板。当在机器处所二层及以上平台甲板上设有锅炉，而且锅炉间未用水密舱壁与机器处所隔开时，锅炉所在的平台甲板应设置 200 毫米高的围板。该区域的油污水可以泄放到舱底，泄放柜不可构成溢流系统的组成部分。

（7）锅炉不得设在配电板的后面。锅炉与配电板的前面和侧面之间的通道宽度应不小于 800 毫米。

（8）卧式锅炉应沿船舶纵向安装。

（9）锅炉舱内根据需要设置的带扶手的平台或格栅，其宽度应不小于 450 毫米。锅炉舱底板应用防滑的花铁板，每块板的重量应不超过 25 千克。锅炉舱应有左右两侧通行于甲板的门，并且至少有一个出入口应设有带扶手的金属扶梯，扶梯与舱底花铁板的倾斜角一般不大于 60°。

船舶锅炉舱中设有多处格栅

船舶锅炉舱中的仪表

现代船舶如何设置燃油舱

　　燃油舱是指用于贮存主、辅机所用燃油的舱室，一般为双层底内的若干舱室，大型船舶也有将深舱作为燃油舱使用的。深舱是船体双层底上面用以装载压载水、淡水、液体货物、散装或包装货等的较小的舱，一般设于近船长中部处，由内底板到最下一层甲板，其高度比双层底中液体舱的高度大得多，故称深舱。

　　船舶燃油舱分为三种：储存舱、日用舱（柜）和沉淀舱（柜）。一般来说，船舶所需要的燃油不能直接进入主机或辅机。因为燃油中杂质、水分多的话会影响柴油机的寿命，所以储存舱中的油会先进入沉淀舱（柜），然后沉淀舱（柜）的油经分油机分离到日用舱（柜）中，这样才可以供给主柴油机使用。

　　沉淀舱（柜）和日用舱（柜）的容积一般比较小，发挥着燃油的过驳作用。之所以这样设计，主要是由于燃油黏度较大、流动性差，需要通过加热使燃油流动起来才能进入分油机，供主机使用。此外，一般分油机的分离温度是 90℃以上。这样就需要沉淀舱（柜）内燃油提前预热，否则仅依靠分油机的加热功率是远远不够的。如果不设置沉淀舱（柜），就要直接在储存舱里预热，储存舱的容积是非常大的，这样会导致锅炉的供热量不够用，同时还会造成热量浪费。

　　燃油舱的设置应考虑破舱稳性和自由液面对船舶稳性的影响。舱内设有空气管、测量管和溢流管等。贮存重质燃油时应设加热管系。同时舱内还应为舱内骨架、加热管系和温度升高时燃油膨胀留有适当的富裕度。居住舱室下的处所，不经船检部门同意不得设燃油舱，否则应设隔离空舱。潜艇的燃油舱设于耐压船体和非耐压船体之间，为非耐压液舱。

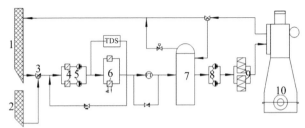

1—重油日用柜；2—轻油日用柜；3—转换三通阀；4—燃油粗滤器；
5—燃油供给泵；6—燃油自清滤器；7—混油桶；8—燃油循环泵；
9—雾化加热器；10—柴油机

船舶燃油系统示意图

民用船舶为何较少使用燃气轮机

　　燃气轮机作为船舶推进主机可大幅提高和改善军舰的战术技术性能，因而在军舰上得到了日益广泛的应用。从 20 世纪 60 年代末起，美国、英国、苏联等国的大中型水面舰艇多数采用了燃气轮机动力装置。不过，燃气轮机存在耗油率偏高、翻修间隔较短、排气温度高、空气流量大（要求进、排气装置的几何尺寸较大）、倒车较困难等缺点。这些缺点导致燃气轮机的经济性较差，从而影响了它在民用船舶上的应用。

　　不过，传统的燃油发动机优化设计的空间已越来越小，未来民用船舶由"燃油"改为经济、节能、环保的"燃气"的趋势日益明显。因为液化天然气是一种清洁能源，其应用可以大大降低氮氧化物和二

采用燃气轮机的英国"伊丽莎白女王"级航空母舰

氧化碳的排放量。天然气含硫量较少，对空气污染较小。有数据显示，一艘海洋平台供应船采用液化天然气为燃料减少的氮氧化物排放量相当于 2 万辆燃油汽车的排放量。

虽然燃气轮机的相关技术比较成熟，但现阶段以液化天然气为燃料的船舶数量较少，这严重地阻碍了燃气轮机在民用船舶方面的应用。目前，国际上几乎没有建造除液化天然气运输船以外以液化天然气为燃料的远洋运输船舶。阻碍液化天然气大范围民用应用的原因主要有三点。一是续航能力弱。目前，以液化天然气为燃料的船舶最高续航能力仅为 20 天左右，达不到远洋运输要求。因为船舶燃油舱体积大，但可以在船上见缝插针随机安放，而液化天然气储存罐体积虽小，却系统复杂，布局难，给船舶的设计和建造带来了很大的困难。二是港口液化天然气补给设施不配套。尽管液化天然气补给并不困难，但是港口方面却没有建立起完备且实用的配套体系，未来燃气船舶的普及也取决于港口的配套体系建设。三是初始成本较高。一个液化天然气储存罐的费用就要数百万人民币，如果船东只算建造成本这笔账，往往会望而却步。

不过，随着对船舶排放要求的日益严格，丹麦、挪威等北欧国家目前已经不得不开始使用以液化天然气为燃料的渡船、滚装船、海岸警备船、液化天然气运输船和平台供应船。而且随着全球范围内对气体排放的要求越来越高，石油资源越来越少，节能呼声越来越高，船东和港口方面的障碍正逐步被清除。未来，燃气轮机在民用船舶方面的应用将逐步增加。

液化天然气运输船以燃气轮机为推进主机的阻碍相对较小

→ 核动力民用船舶为何极为少见

关于核动力舰艇，相信很多人都不陌生。核动力航母、核动力潜艇等都是耳熟能详的种类。它们具有续航时间长、无须经常补充燃料等优点，是军用舰艇的发展方向之一。不过，核动力船舶的种类和数量都不多，目前各国仍然在使用的只有核动力航母、核动力潜艇、核动力巡洋舰以及核动力破冰船等。不难发现，前三类都是军用舰艇，只有破冰船是民用的，而且用途是科考而非商用。

核动力船舶技术从20世纪60年代开始，到现在已经有了大半个世纪的历史。在核动力船舶的全盛时期，美国甚至组建过核动力舰队——一支由一艘核动力航母与两艘核动力巡洋舰组成的混合编队，并且该舰队还成功地进行了一次环球航行。

然而，核动力船舶技术并没有普及开来，不仅未能在民用船舶领域大规模应用，就连核动力军用舰艇也越来越少了。那么，这种相当成熟的技术为什么无法普及呢？

首先，核动力技术虽然成熟，但也相当昂贵，尽管能够节省很多燃料，但核反应堆的维护成本却十分高昂，而且维护难度也很大。根据美国海军的记录，一艘核动力航母在服役期内，有1/3的时间是在维护中度过的。

其次，核动力系统并不像一些人认为的那样，能够大幅减少动力系统所占空间。事实上，用来携带燃料的空间确实减少了，但巨大的核反应堆也要占据很大空间。美国在1958年建成的核动力商船"萨凡纳"号，排水量为21 000吨，但整个核动力系统就占据了3650吨，相比常规动力系统增加了数倍。现代核动力装置的安全系数虽然很高，但需要设置坚固的防护设备，这会导致船舶整体的体积和重量增加。对于商用船舶来说，这会占据宝贵的内部空间。但牺牲安全性以换取可用空间的方式同样也是不可取的。

再次，核动力系统还有一个平时很难注意到的缺点，那就是它的启动难度。核动力系统从完全停机到开机，相较于常规动力需要经历更多步骤、耗费更多时间，这让它在启动过程中的效率远低于常规动力。因此，核动力装置即使在主机不工作的时候，也需要维持在怠速运作状态，以确保主机能够随时启动。

最后，民众担心放射性物质污染航道、港口和城市环境，因此很多港口拒绝核动力船舶进港。对核燃料使用后的核废料也缺乏妥善的处理办法。

由于上述种种原因，核动力系统才没有在民用船舶领域普及开来。军用舰艇可以在一定程度上无视成本，以换取某方面的优秀性能，但即便如此，也只有少数舰种适合使用核动力，如吨位较大的航母，或者对隐蔽有需求的潜艇。前者由于内部空间相对充足，因此能够使用核动力。

后者则有着长时间潜航的需要，而核动力系统不需要消耗氧气，所以能潜航更长时间。

缓慢航行的"萨凡纳"号核动力商船

"萨凡纳"号核动力商船的主机舱

"萨凡纳"号核动力商船的驾驶舱

→ 船用燃料电池为何没有大规模应用

　　船用燃料电池是指满足船用条件，能够持续地将燃料的化学能转换为电能的能量转换装置。其最大转化效率可达 80%（氢燃料）。天然气、生物气体、甲醇、乙醇柴油、氢气等都可以作为燃料。其中液化天然气燃料电池与常规柴油主机相比，每千瓦可减少 50% 的二氧化碳排放量。

　　燃料电池与一般电池不同之处在于能转换成电能的燃料不在电池内部，而是储存在电池外部。因此，只要连续不断地将燃料供给燃料电池，就能不断地产生电能。燃料电池的基本组成为正负极、电解质、燃料、氧化剂及相关的辅助系统。由于电极不含活性物质，因此电极只是能量转换的场所。为使燃料转化更高效，电极上载有催化剂，为提高电极性能，一般都制成多孔电极。电解质根据燃料电池类型的不同，可选用碱溶液、酸溶液、熔融态盐类、固体氧化物或离子交换膜。燃料可以是气态或液态。氧化剂可以是氧气、空气、卤素、过氧化氢等。

　　燃料电池按工作温度可分为低温（100℃以下）、中温（200℃左右）和高温（500℃以上）三类。由于燃料电池等温运行，因此转换效率不受卡诺效率限制，效率可达 50%～ 80%。燃料电池的功率可达一般蓄电池的 10 倍左右，使用寿命长达数万小时，连续供电可达数千小时，并具有工作时噪声低、无污染的优点。燃料电池的缺点是采用铂、钯等作为催化剂，成本高，电池的辅助系统复杂。

从 21 世纪初开始，美国、德国、挪威、日本建造的燃料电池渡轮、游船、工程船、渔船已先后投入试运营。但直到 2022 年，燃料电池船舶依然没有大规模投入营运，主要原因如下。①燃料电池要在船舶上应用，需要燃料电池、燃料供给、氧化剂供给、水热管理和电能管理控制等多套子系统协同工作，多系统在船舶上协同工作技术尚不成熟完善。②目前燃料电池价格偏高且使用寿命不长，与船用柴油机尚有较大差距。③由于船舶所处环境，盐雾、潮湿空气、油雾、霉菌、倾斜、摇摆、船舶振动等因素可能造成燃料电池的损伤，降低其可靠性和有效寿命，严重时可能造成燃料泄漏及非正常化学反应导致燃烧甚至爆炸事故。④目前码头尚无专用燃料电池船舶的燃料加注站。⑤多数国家还没有相关法规允许燃料电池在船舶上使用。

虽然燃料电池在船舶上应用尚存在很多问题，但船舶行业实行绿色环保、节能减排已是大势所趋。如果能克服上述困难，燃料电池实用化并不遥远。

世界上第一艘经公证的燃料电池船 HYDRA 在德国莱比锡市下水

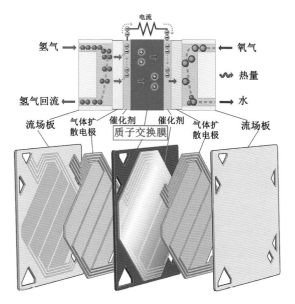

电流

氢气 →　　　　　　　　　　← 氧气

　　　　　　　　　　～ 热量

氢气回流 ←　　　　　　　→ 水

流场板　气体扩　催化剂　催化剂　气体扩　流场板
　　　散电极　　　　　　　散电极
　　　　　　质子交换膜

质子交换膜氢燃料电池单体原理图

何为船舶动力的第三次革命

　　自 20 世纪末以来，随着各国海洋开发和海防建设的快速发展，船舶电能需求大幅增加，并对船舶动力的机动性、安静性和燃油经济性等性能要求有显著提高。同时，石油资源日益短缺，环境污染不断恶化，各国正积极倡导发展绿色船舶，促进可再生能源在船舶动力中的应用。在此背景下，船舶综合电力系统应运而生。

　　19 世纪初，蒸汽机逐渐取代人力、风力作为船舶动力，标志着船舶动力的第一次革命开始。20 世纪中叶以来，内燃机、燃气轮机、核动力汽轮机逐步发展成熟并被应用于船舶动力，船舶动力的第二次革命由此开启。船舶综合电力系统被誉为船舶动力的第三次革命。

　　船舶综合电力系统是指将传统船舶相互独立的机械推进系统和电力系统以电能形式合二为一，通过电力网络为船舶推进、通信导航、特种作业和日用设备等提供电能，实现了全船能源的综合利用。

综合电力系统使船舶动力从机械化走向电气化、信息化和智能化。船舶采用综合电力系统，不仅实现了船舶推进系统和电力系统的集成，而且更容易实现全船能量的精确高效控制以及多种再生能源的灵活接入，从而降低了船舶动力对传统化石燃料的依赖度。

21 世纪初，国外开始在民用船舶中应用综合电力系统，这其中以中压交流和低压交流两种电制形式为主，如"亚特兰蒂斯"号科考船（美国）、"海洋绿洲"号游轮（美国）、"蓝色马林鱼"号半潜船（荷兰）等。

根据国外船舶综合电力系统的发展情况，综合电力系统可分为第一代综合电力系统和第二代综合电力系统。第一代综合电力系统技术成熟，但存在设备体积和重量偏大、系统效率偏低、供电连续性不长等缺点。第二代综合电力系统采用中压直流电制，突破了系统频率的限制，降低了对原动机调速特性的要求，大幅减小了设备的体积和重量，提高了系统效率和供电连续性，但技术发展尚不成熟。

"海洋绿洲"号游轮

"亚特兰蒂斯"号科考船

"蓝色马林鱼"号半潜船运送澳大利亚"堪培拉"号两栖攻击舰的舰体

船舶电力系统与陆上电力系统有何区别

船舶电力系统主要是由电源、配电装置、电网、负荷组成的。电源是指将机械能、化学能等能源转变成电能的装置，船上常用的电源装置是柴油发电机组和蓄电池。配电装置是指对电源和负荷进行分配、监视、测量、保护、转换、控制的装置，可分为主配电板、应急配电板、分配电板、充放电板。电网是全船电缆电线的总称，是联系发电机、主配电板、分配电板和负荷见的中间环节，也是将电源的电能输送到负荷端的媒介。电网根据连接的负荷性质可分为动力电网、照明电网、应急电网、低压电网、弱电电网。负荷大体可以分为舱室机械、甲板机械、船舶照明、通导设备及其他用电设施。

船舶电力系统与陆上电力系统的区别主要有以下三点。

（1）船舶电站的容量小。由于船舶电站的容量小，而某些大负荷的容量可与单台发电机容量相比，当这样的负荷启动时，对电网将造成很大的冲击，因而对船舶电力系统的稳定性提出了较高的要求。

（2）船舶电网输电线路短。因为船舶容积的限制，电气设备比较集中，电网长度不长并且都采用电缆，所以对发电机和电网的保护比陆上电力系统的简单。

（3）船舶电气设备的工作环境恶劣。工作环境温度高、震动大、相对湿度高等，都能造成电气设备的损坏、接触不良或误动作。因此，船用电气设备必须满足船用条件。

豪华游艇内部的各式电器

螺旋桨为何成为主要推进装置

人类发明船后，推动船前进的装置就是船桨或风帆。在中国宋朝时，人类发明了"车船"，也就是在船外装上一圈像鸭子脚掌的蹼板，蹼板随着轮子划水。当然，驱动轮子带动蹼板的是人力。到了19世纪，英国人发明蒸汽机后，开始用这个新型动力源驱动轮子和蹼板。由于轮子和蹼板安装在船体外部，因此被称为"明轮"。用明轮推进的船被称为明轮船，简称轮船。

轮船有很大的缺陷，明轮的结构复杂，受风浪的影响大。如果船遇到风浪的话，一侧明轮浸在水里，另一侧明轮空转，这样船就会摇摆不定。明轮在前进中不断拍水，也很容易损坏。在战舰上，暴露在船外的明轮容易遭到攻击。1854年克里米亚战争期间，俄国海岸炮台重点攻击英法战舰的明轮，致使英法舰队损失惨重。更重要的是，虽然轮船的速度已经远超帆船，但明轮的推进效率仍然不高。

有意思的是，工程师从2000年前的古希腊找到了解决这个问题的灵感。为了解决尼罗河水灌溉的问题，古希腊数学家和物理学家阿基米德发明了一种圆筒状的螺旋扬水器。这种扬水器是在一根旋转轴上安装螺旋状的叶片，然后在外面罩上一个圆筒。使用时，转动旋转轴，水就被抽到了高处。按照牛顿的反作用力原理，将能够向上抽水的装置安到船艉就能向后排水，推动船舶前进。

虽然原理很简单，但实践起来并不容易。1835年，英国工程师弗朗西斯·史密斯和瑞典工程师约翰·埃里克森分别取得了螺旋桨的专利。1836年，弗朗西斯·史密斯试制出了自己的产品。他的"螺旋桨"其实就是把阿基米德的螺旋扬水器直接安在了水中。弗朗西斯·史密斯想当然地认为，旋转轴越长，上面的螺旋圈越多，推进效率就越高。

弗朗西斯·史密斯将他的"螺旋桨"安在了一艘6吨的小汽船上。可惜，试验结果很不理想，这艘小汽船只能以4节的速度前进。1837年2月，这艘小汽船在试航中出事了，其船艉撞上了水下障碍物，并且"螺旋桨"也被撞断。然而接下来的一幕让心疼不已的弗朗西斯·史密斯大为吃惊：小汽船居然开始加速，最终达到12节航速。

这次意外让弗朗西斯·史密斯茅塞顿开。随后，他将旋转轴由长轴变成了短轴，又将螺旋圈变成了叶片。螺旋桨的大致形状就这样确定了。1839 年，弗朗西斯·史密斯开办的公司制造出了第一艘用螺旋桨驱动的船。弗朗西斯·史密斯将其命名为"螺旋桨"号。由于觉得这个名字不太响亮，随后又将其改名为"阿基米德"号。"阿基米德"号为木质船身，船长 38 米，宽 6.7 米，排水量为 237 吨，安装有两台 30 马力的蒸汽机，最大航速约为 9 节，造价约为 1 万英镑。为防止机械故障，"阿基米德"号还保留着风帆。"阿基米德"号在英国伦敦—朴茨茅斯—布里斯托之间运营。在一堆帆船和明轮船中间，这艘外观整洁的小船颇为显眼。

之后，依靠螺旋桨驱动的船越来越多。一向对新技术敏感的英国海军决定用一次试验决定明轮船舶和螺旋桨船舶的未来。1845 年 8 月 3 日，英国海军调来两艘战舰进行拔河比赛，即明轮战舰"阿莱克托"号和螺旋桨战舰"响尾蛇"号。两艘战舰的排水量都是 800 吨左右，发动机功率也基本相同。比赛的结果非常明显，螺旋桨战舰"响尾蛇"号把明轮战舰"阿莱克托"号以 2.5 节的航速拖着航行。在后来的竞速赛中，"响尾蛇"号再度获胜。螺旋桨自此成为现代船舶的主要推进装置。

阿基米德螺旋扬水器示意图

描绘"阿基米德"号的绘画作品

船舶螺旋桨的螺距角有何作用

有心人会发现：船舶航行时，船体周围的水流速度与航行速度几乎相等，但在船的尾部，水的流动速度却要低于船舶的航行速度。这是因为水受到船舶航行运动的影响产生了一种追随船体运动的水流，称为"艉伴流"。在水流与船体表面的边界，水的黏性会使船体对水产生拉力，从而在船体表面产生一个流速很慢的薄水层，这种水层从船头流动到船尾过程中会逐渐变厚，导致船尾的水流速变慢。而螺旋桨在流速很慢的水中运转可以产生更大的推力，因此工程师将螺旋桨安装在船舶的尾部。

正如汽车需要通过倒车以便将其开进指定地点，船舶有时候也需要从前进状态迅速切换到后退状态，以便规避障碍物或者改变航行方向。然而如何让船舶实现后退，却一直困扰着工程师。

有人曾提出，像汽车一样安装变速齿轮，让船舶的螺旋桨反向旋转，这样就可以让船舶后退。但在实际应用过程中，安装这么巨大的"倒车装置"显然不合理。

工程师不断探索试验，终于找到问题的解决途径——改变螺旋桨叶片的螺距角，使螺旋桨成为既可以前进又可以停止或后退的推进器。

螺距角是指螺旋桨每个叶片的角度。当螺距角发生变化，叶片受到的推力就会发生改变。不仅如此，工程师还通过在螺旋桨毂中安装一种复杂装置，使螺旋桨能始终保持最节油的运行状态。采用改变螺距角的方法，船舶可以随时从前进状态切换到后退状态。

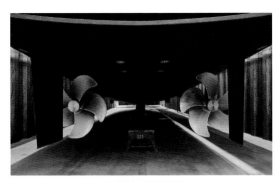

小型游艇的螺旋桨

→ 螺旋桨的空泡效应有何危害

自 19 世纪中期以来，螺旋桨凭借成本效率方面的优势，一直是船舶普遍使用的推进装置。到了现代社会，人类的生活和工作节奏越来越快，对船舶的速度要求也越来越高，螺旋桨作为船舶的推进装置最致命的缺陷就出现了，那就是螺旋桨的空泡效应。

根据伯努利定律，螺旋桨高速旋转，由于桨叶的高速移动，则桨叶背部的压力必然降低，形成一个吸力面，低压就这么产生了，当压力低于水的饱和蒸气压时，液体中的液态分子就转化为气态分子，最终会突然产生大量的气泡，称为"空泡效应"。常规的螺旋桨最佳转速只有 300 ～ 600 转 / 分，大型货轮的最佳转速甚至不到 100 转 / 分。一旦超过这个转速，空泡就开始出现，转速越高空泡就越严重。空泡的危害主要有以下几点。

（1）汽蚀。在几百万分之一秒的时间里，螺旋桨产生的空泡能够呈现爆发式增长，之后由于周围水的高压，空泡又被急剧压缩，直至崩溃。而空泡崩溃时会有爆炸性射流产生，这个射流的速度极快，再坚硬的螺旋桨也经不起射流长年累月地冲击。此外，空泡破灭时，还会产生爆炸性的冲击波。射流和冲击波是空泡损伤螺旋桨的根本原因。

（2）效率下降。发生空泡之后，产生的大量气泡使螺旋桨的阻力加大、推力下降，从而大大降低了螺旋桨的推进效率。

受损的船舶螺旋桨

（3）噪声和振动。大量空泡破裂时产生的噪声是潜艇的主要噪声来源，这会大大增加潜艇被敌方声呐探测到的概率。所以，越来越多的先进核潜艇不再使用常规的外露螺旋桨推进，而是采用喷水推进。

串列螺旋桨有何利弊

串列螺旋桨是指在同一轴上装有前后两个或多个旋向相同的螺旋桨。通常是两个螺旋桨，前后桨相隔一定距离，其后桨处于前桨的艉流中，使后桨的进速较大，所以后桨通常具有较大的螺距。

两个特定的普通螺旋桨安装在同一轴上，以同转速、同方向运转的推进器，其优点是：①对负荷较大的船舶，在推进器直径受限制的情况下，效率较高；②能改善普通螺旋桨引起的船艉振动和空泡；③对外界水流变化的适应性较好；④结构简单，制造、维修方便，便于舰船改装使用。

影响串列螺旋桨性能的要素除与普通螺旋桨相同外，尚有桨距比和叶错角等。桨距比是前后螺旋桨盘面间轴间距离与直径的比值，叶错角是后桨叶滞后于相邻前桨叶的角度。

串列螺旋桨的缺点是桨轴伸出船外较长，重量较大，倒车性能较差。

串列螺旋桨

喷水推进器与螺旋桨相比有何优势

喷水推进器是推进机构的喷射部分浸在水中，利用喷射水流产生的反作用力驱动船舶前进的一种推进器。

喷水推进的基本原理：通过在舰船等航行器上向其运动反方向喷射具有一定速度的水流，根据作用力和反作用力，船体会受到水流的反作用力，这个力即为推力。推力的大小等于流体在流经推进器流道时单位时间内的动量变化率。喷水推进器上的推力可定义为与水接触的所有推进装置内表面上的压力和剪切应力在喷口面积矢量相反方向上的合力。这些表面包括进口管道、叶轮、叶轮轴套和喷口。

一般来说，喷水推进系统主要由一个进水管、一台带有喷射器状排出口的泵以及一套操舵和倒车装置组成。舵喷嘴可以改变喷射水的方向，使之向左或向右，使得操舵功能得以实现。倒车推力则由倒车挡板将喷射水反射向前而产生，从而达到倒车的目的。进水管被并入船体结构，通常由船厂制造，由喷水推进系统制造厂家提供图纸。进水管设计成流面形状。该管与船体的结合面是大流线型的，以避免在喷水泵中产生激流。进水管借助一个法兰连接在船艉封板上，它从船底穿过船内到达艉封板，构成流水通道。在进水管的入口处装有一个格栅，可防止大件的漂浮物进入管中。万一泵被阻塞，则可通过设于进水管顶部的检查孔将杂物清除。该管前部穿过进水管壁进入船内，在管前部设有一个密封装置防止水进入船内。

虽然喷水推进器的效率比螺旋桨低，但其操纵性能较好，可在浅水水域航行。以配备底板式全回转喷水推进器的船舶为例，其在不同方向上具有喷水的可操作性，因此改变航线和方向变得很容易，无须使用船舵来控制船舶的行进方向，能够降低船舶的转弯半径，并且可以 360°旋转以改变航向，对船舶的行进方向较容易进行控制，而且在所有方向上都能够提供最大推力。底板式全回转推进器设计紧凑，安装时能够充分利用空间，排水量损耗小。安装位置在船的底板上，与船底平齐，不会使船舶阻力增大，也不会与航行水域的漂浮物发生碰撞，非常适合在极浅的水域内进行工作。由于采用封装式设计，因此振动小、噪声低，安装在游艇上可产生极大的舒适性。在浅水区域，安装底板式喷水推进器的船只相比于螺旋桨船只，具有较小的回转直径，极大地提高了船只的可操纵性。

英国罗尔斯·罗伊斯公司研制的卡米瓦 90SII 喷水推进器

吊舱推进技术有何优点

吊舱推进技术是指将主推进动力装置安装在一个置于船体之外的吊舱内，直接用以驱动吊舱外的螺旋桨的技术。

吊舱推进技术的核心是将主推进动力装置与螺旋桨直接融为一体，以吊舱形式安装在船外向船提供推进动力。采用电力推进方式为实现这项技术提供了必要基础。

吊舱推进技术具有以下优点。①由于推进装置与原动机装置不需要刚性连接，因此可以使总体和推进动力系统设计更加灵活。②推进装置吊舱能 360°全方位旋转，具有舵效应，性能好，便于实现舵桨合一。③推进装置安装在船体外，可节省船的有效使用空间。④具有良好的倒车性能和操纵性能。⑤推进电机布置于船外水下，振动及噪声均有改善，而且螺旋桨对船体激振力非常低。⑥船体附件阻力小，螺旋桨所处的伴流区位置好，给定航速条件下可降低推进功率。

目前主要有 Azipod 方式吊舱推进、KCD 牵拉型吊舱推进和 SSP 吊舱推进等吊舱推进装置。这些装置已在不同吨位、不同类型的民用船舶和军用辅助舰艇上得到了实际应用。吊舱推进装置的开发及应用，使得船舶采用电力推进的市场份额迅速增长。随着电力电子学、半导体技术、交流电机变频调速等技术的日渐成熟，吊舱推进装置在机动性、可靠性、运行效率和推进功率等方面都有了突破性的进展，呈现出广泛的应用前景。

运输中的 Azipod 吊舱

安装完毕的 Azipod 吊舱推进系统

→ 舵的形式主要有哪些

舵是指设置在船体外，利用其与流体的相对运动在叶面上所产生的作用力，对船舶施加回转力矩而控制船舶航向的设备，通常由舵叶和舵杆组成。

舵是船舶的主要操纵设备。当它转动时，舵上产生的水动力合力在垂直于流体运动方向上的分力相对船体重心取矩形成了转船力矩。

舵的型式很多，常见的有半悬挂舵、悬挂舵、舵托支撑的舵等。半悬挂舵是舵的上半部支承于舵柱或挂舵臂处的舵钮（销）上，下半部悬挂的舵。悬挂舵是完全悬在舵杆上的舵，仅在船体内部设有支承点，而舵叶悬挂在船体外面。舵托是指位于艉柱底部的突出部分，也称底承座，用以安装下舵销或舵轴。

除了普通舵以外，为了提高舵的效能和螺旋桨的效率，还有很多形式各异的特种舵。常见的特种舵有反应舵、整流帽舵、差动舵、主动舵、麦鲁舵、襟翼舵。反应舵是舵叶的导缘以螺旋桨轴为界，上下向左右扭曲。整流帽舵是在单螺旋桨船舶上，顺着螺旋桨轴线，在舵上设置整流帽，其形状为对称机翼剖面的旋转体或近似于椭圆体。差动舵是由二个或二个以上的舵组成的舵组，转舵时各舵的舵用各有差异。主动舵是将普通舵同小型导管螺旋桨组合为一体，转舵时与处于舵叶中部后缘的螺旋桨一起转动，在舵剖面中心线方向产生推力。

麦鲁舵是在普通流线型舵叶的内部前后缘交叉焊很多平行的钢管，管的进出口与舵的叶面焊平封闭，并将进出口分别安设在舵叶左右舷。若进口安设在舵叶左舷，则出口安设在舵叶右舷；反之，进口安设在舵叶右舷的，则出口安设在舵叶左舷。相邻两钢管交叉排列，船航行时，水流可从两侧经管内流过。

襟翼舵是在普通流线型舵的后缘加一流线型艉，形成一个主舵与襟翼的组合体。当主舵转舵时，襟翼随同主舵转动，同时通过随从操纵机构使襟翼相对于主舵转动一个舵角，相当于增加了全舵剖面的拱度，使水流产生更有利的折射，从而提高舵效，当主舵处于正中位置时，襟翼起着艉鳍的作用。

为了在规定时间内将舵转到所需要的角度并保证其有效工作，除了舵以外还需要有其他的装置，例舵机、转舵装置等。舵机是带动舵转动的机械，也是转舵的原动力。转舵装置的作用是把舵机的动力传递给舵。

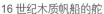

16世纪木质帆船的舵　　　现代钢船的舵（螺旋桨旁的红色梯形物体）

→ 舵的数目和形式如何确定

舵的数目除了与操纵性要求有关外，还与船尾形状和螺旋桨数目有关。增加舵的数目虽然容易满足较高的操纵性要求，但也造成了舵设备更加复杂的结构和较高的造价。因此，在实际使用中除特殊要求外，总是趋向于取最少数量的舵。

一般情况下，为了提高舵效，总是将舵设在螺旋桨后面，使其处于螺旋桨舭流中。因此在海船上，单桨单舵和双桨双舵得到了广泛应用，而且绝大多数海洋运输船都是单桨单舵。

鉴于某些特殊考虑，有些船舶设置的舵与螺旋桨数目不等。冰区航行的船舶为了防止舵受到严重损害，以及某些巨型客船为了简化舵设备等，为此而设置双桨单舵。在这种情况下，其操纵性比那些把舵设置在螺旋桨后面的船舶要稍差一些。在浅吃水船上，通过增加舵的数目来保证足够的舵面积和合适的展弦比，因而出现了单桨三舵和双桨三舵的船舶。

不平衡舵通常设置在单桨船的舵柱后面，也有某些双桨船舶或非自航船在中纵剖面的呆木后面设置不平衡舵。这些舵用一个或多个舵销支承，常用在密实或大块碎冰区航行的船舶上。

设有导框底骨的无舵柱单桨船，为了减小转舵力矩，常常设置舵踵支承的平衡舵。

半悬挂舵即所谓的马里纳舵，在双桨单舵船舶、无艉柱的单桨单舵船舶及多桨多舵船舶上使用甚多，且采用舵销将舵支承在呆木或挂舵臂上。呆木或挂舵臂可提高船舶的航向稳定性，且能弥补半悬挂舵水动力特性较差的缺点，因为包括部分呆木或挂舵臂面积在内的舵与具有同样面积和展弦比的普通舵比较，两者的水动力特性几乎相同。

悬挂舵在无艉柱的单桨或多桨船舶上均有使用，且应尽可能设置在螺旋桨后面。由于其舵杆承受了较大的弯矩（襟翼舵更是如此），为了使舵杆直径减小，下舵承应尽量安装在接近船底处。

某些要求倒航时具有良好操纵性的船舶，如渡船、拖船等，可设置艏舵或倒车舵。艏舵一般效率较低，故很少采用。这类船舶目前更多的是配置全回转导管螺旋桨（Z形推进器）或侧向助推装置。

双桨双舵的船舶

水作为压舱物有何危害

压舱物是用以压在船底，使船舶平稳的物体。压舱物既可以是固体，也可以是液体，目前一般采用水为压舱物，既经济又实用。

压舱水是船舶安全航行的重要保证，特别是对没有装载适量货物的船舶。适量压舱水可保证船舶的螺旋桨吃水充分，将船舶艉波引发的船体震动降到最低限度，并维持推进效率。它可通过调节船舶的重倾（重量分布）和水尺（吃水深度），使船舶符合当时的海洋条件，确保船舶在航运过程中的稳定和操作安全。压舱水还可使船舶在航运过程中受到的剪切力和倾斜的时间维持在安全的范围内。

压舱水一般储存在专门的压载水舱中，或者储存在特别加固的货舱中。吸取 / 排放压舱水是船舶操作的重要组成部分。根据美国和澳大利亚统计，每年排入其境内的压舱水数量分别达到 8000 万吨和 1.2 亿吨；而国际海事组织（IMO）估计，每年在全球各地转运的压舱水高达 100 亿吨。

虽然压舱水对船舶安全航行非常重要，但众多资料表明，压舱水是外来海洋生物入侵的重要载体。早在 1908 年，人们便猜测压舱水可能是浮游生物实现迁移的机制之一。1973 年，研究人员首次证实了压舱水可作为活海洋生物迁移的载体。据报道，澳大利亚境内现有的 170 余种外来海洋生物中，可能有 24% ～ 33% 是通过压舱水输入的。而每天通过舱舶（包括船体及压舱水等）在世界各地转运的生物物种数可能超过 3000 种。

在世界范围内，压舱水引起的生物入侵的例子比比皆是，包括海藻、鱼、牡蛎、多毛虫、软体动物、海星、其他的浮游动物以及霍乱弧菌。其中，许多生物已造成了明显的生态破坏和大量的经济损失，有一些甚至给人类健康造成了直接威胁。典型的例子有澳大利亚塔斯马尼亚岛的有毒双鞭毛虫藻、北美五大湖的斑蚌、黑海的梳状海蜇等。而 E1-Tor 生物型霍乱弧菌是引起 1961 年至 20 世纪 90 年代早期的霍乱第七次世界大流行的元凶。1991 ～ 1992 年，从 5 艘停靠在美国墨西哥湾沿岸港口的货船压舱水和污水中，研究人员发现了霍乱弧菌。这项发现提示压舱水可能是霍乱在国际传播中的重要途径。

因此，压舱水已是公认的一个潜在的环境危害因素。压舱水的监管和处理不仅是水处理领域里的研究热点，也是检验检疫科学的重要课题。针对这种情况，许多国家已经出台或正着手制定相关的法律法规，以便对船舶压舱水实施科学有效的管理。

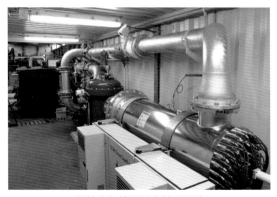

船舶内部的压舱水管理系统

正在排放压舱水的船舶

无压载水船舶难在何处

船舶运输是全球物流链中重要的一环，大多数货物都是经过船舶转运的。现如今的商船一般都会在底部建有压载水舱，在空船航行的起航港将压载水舱装满海水，以保持船舶途中的航行平衡；抵达目的港装载货物时，再将压载水舱的水排出。这种传统概念的压载水舱有两个缺陷：空船航行因压载水舱装满海水而加大重量，使船舶油耗增加；压载水舱装载的海水排放出去，造成海洋污染。国际航行船舶压载水排放引发了外来生物入侵，被全球环保基金组织列为海洋面临的四大危害之一。如何在不使用压载水的情况下确保船舶航行时的稳定性，是各方研究人员现阶段的重要课题。

无压载水船舶的理念久为人知，不过至今一直未能实现实船建造。但是随着船舶气体排放规则的日趋严格，以及压载水管理条约的强制执行渐渐临近，无压载水船舶渐渐成为一项受人瞩目的环保技术。

无压载水船舶在水面以下的船体形状近似倒三角，这种构造使船舶即使不搭载压载水，也可保证足够的吃水和复原性。但是想要维持与常规船舶一样的排水量和载货量的话，无论如何船体的总长和总宽都要扩大。同时，根据载货状态的变化，会产生船舶船艏的平衡性问题。考虑到实际情况，为了保证载货的自由，在船艏和船艉各设立一个调整平衡用的压载水舱是比较好的解决方式。

根据《压载水管理公约》，如果使用压载水，船上必须安装压载水处理装置。不过与常规船舶相比，选择一个容量较小的处理设备即可，处理装置的小型化减少了整体重量，减少了电力消耗。

当然，伴随着船体的大型化，船舶建造设备也需要扩大，特别是独特的断面形状使得目前的建造方法和建造标准需要重新构建，这些仍是有待突破的课题。

就目前而言，较为人们所熟知的无压载水船舶理念有三种，分别为美国密歇根大学研发设计的贯通流系统船体、日本造船研究中心提出的无压载水船舶概念、荷兰代尔夫特大学试造的单一结构船体。其中，美国贯通流系统船体可谓是目前各类无压载水船舶设计中最有创意的一种，最早由密歇根大学于2001年提出其概念设计，并于2004年申请了专利，其实验假想对象为远洋散货船。

美国贯通流系统船体的设计目标是既可阻止压载水中的非本土生物入侵，又无须使用昂贵的杀菌设备。严格来讲，这种设计并不是"纯"无压载水船舶，而是采用"活水"以达到压载目的。具体来讲，就是在其水线下拥有一个由大型管道组成的管路网络，海水从船艏进入，再从船艉排出，并形成稳定的流场。从某种意义上来说，这种船舶更像潜艇，部分船体是开放的，流动缓慢的海水始终充满了整个船底部以取代压载水的作用。由于采用的始终是当地海域的海水，因此不会造成外来物种入侵这一情况。

从结构上来讲，为了在稳定性、安全性、装载量等方面向典型远洋散货船看齐，这种设计在船体结构方面要做出不少改变，例如，为了能布置足够的压载水管路，内底就需要有所增高，如此一来，为了确保足够的装载量，船深必然也随之加大。因此，这种设计并不适合旧船改造，而只适合新船建造。

贯通流系统船体的最大缺点是增加了船舶航行中的阻力，进而降低了船舶的动力效率。不过由于从船尾排出的水使进入螺旋桨的水流变得更平滑，从而有效提高推进效率。

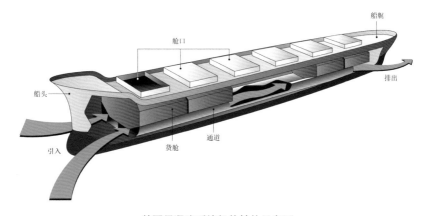

美国贯通流系统船体结构示意图

小小拖船为何能拖动数万吨巨轮

航母、货轮、油轮、集装箱船等大型船舶体积庞大，排水量从几万吨到几十万吨不等。它们凭借自身强劲的动力在大洋中穿梭往来，由此形成的惯性也很大。但这些海上巨无霸到达港口和狭窄水道时，庞大的体积却成了劣势。由于港口和狭窄水道的水浅、障碍物多，加上大型船舶低速航行时转向不灵活，所以进出港口和靠离泊位都很困难，必须依靠引水员领航和拖船协助。

拖船体积虽小，装备的柴油机功率却很大。拖船按用途可分成运输拖船、辅助拖船、救助拖船、海洋开发拖船等。按使用地区不同，拖船可分成内河拖船、港作拖船、沿海拖船、远洋拖船等。其中港作拖船属于辅助拖船，它不用装载货物，所以不需要额外的货舱和装备。小小船

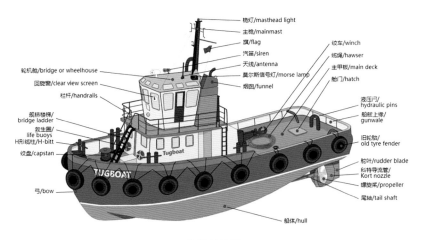

桅灯/masthead light
主桅/mainmast
旗/flag
汽笛/siren
天线/antenna
莫尔斯信号灯/morse lamp
烟囱/funnel

绞车/winch
缆绳/hawser
主甲板/main deck
舱门/hatch

轮机舱/bridge or wheelhouse
回旋窗/clear view screen
栏杆/handrails

舷桥楼梯/
bridge ladder/
救生圈/
life buoys
H形础柱/H-bitt
绞盘/capstan

液压门/
hydraulic pins
船舷上等/
gunwale
旧轮胎/
old tyre fender

弓/bow

Tugboat

TUGBOAT

舵叶/rudder blade
科特导流管/
Kort nozzle
螺旋桨/propeller
尾轴/tail shaft

船体/hull

拖船结构图

身里装着两台大功率柴油机,所有动力都可用于拖曳。普通港作拖船的排水量只有几百吨,最大功率在 2200 ～ 3600 千瓦之间,而远洋拖船功率最大可达 20 000 千瓦。要知道一艘 20 万吨超级油轮的主机功率也不过 22 000 ～ 30 000 千瓦,却能推动庞大船体以十几节速度航行。拖船的柴油机功率自然足以拖(推)动大型船舶。一般来说,普通客轮、货轮的功率和注册总吨位比值在 0.35 ～ 1.2 之间,而大型拖船比值在 2.2 ～ 4.5 之间,小型拖船更大。

大型船舶虽然排水量巨大,但是重量基本都被浮力扛下了。它们航行时的主要阻力是水的摩擦阻力、剩余阻力(兴波阻力和漩涡阻力)、空气阻力等。大型船舶入港时空气阻力已经很小,低速航行剩余阻力也不大,主要阻力是水的摩擦阻力。选择合适拖(推)力的拖船完全可以克服,一艘拖船不够还可以多用几艘。同时大型船舶也不是完全被动,也会按港口规章制度保持在港内船速状态,主机以港内功率和转速运行。

各种拖船都对航行的稳性和操纵性要求很高。港作拖船长三十多米,宽十多米,短粗的船型具备很强的抗横倾力矩能力。系缆绞车能自动调节张力,减小风浪对拖缆的影响。普通船舶螺旋桨一般与船底最低位齐平,而拖船螺旋桨直径比船舶吃水更大,有更强的推力。为了保证灵活性,很多拖船装备了 360° 全回转导管螺旋桨,也称 Z 形推进器。

这种螺旋桨能向任意方向旋转，使拖船能原地转向，其推力和操纵性也很好。有的拖船还装备另一种奇特的摆线推进器。它的桨叶竖直装在船底，旋转方向与船体垂直，依靠桨叶摆动实现推力无极调整，既是驱动装置也是操纵装置。两部摆线推进器，就能让拖船向任意方向前进、后退和侧移，灵活性非常强。它赋予了拖船高度机动性，可在不改变转速的情况下精确控制推力大小，迅速改变推力方向。

纽约港中的拖船

正在推动油船的拖船

第4章
电子篇

随着现代科技的飞速发展，在船舶上使用的电子设备也越来越多。发展较快的主要有通信导航设备和自动化综合管理设备。船用电子产品的发展趋势是电脑化、自动化、多功能化和综合化。可以毫不夸张地说，几乎所有电子技术方面的先进成果都可在船舶应用领域中找到用武之地。本章主要就船舶电子设备的相关问题进行解答。

→ 概 述

　　船舶的历史几乎和人类文明史一样久远。近代船舶的发展，除了在船舶吨位和航速方面不断有所改进外，主要是在船上应用了越来越多的电子设备和仪器，既保证了船舶的安全航行，又方便了船员对日益复杂和庞大的现代化船舶的管理。所以有人认为，现代船舶的发展史，也是电子航海仪器的发展史。

　　现代船舶上的电子设备大致可分为以下四类。

　　（1）通信导航设备。其任务是要保证船舶和外界的联系，以及保证船舶在茫茫大海中安全准确地沿计划航线航行、到达目的地。现代船舶的这一任务几乎完全是由各种电子通信导航设备来完成的。

　　（2）船舶综合管理系统。主要由以计算机为基础的"专家系统"和"智能系统"跟机舱监视系统和货物监视系统综合起来，实现自动化管理，从而大大减少船员配备，节省开支。机舱监视系统应用了各种电子传感器和仪器，对机舱内主、辅机的工作状况（转速、扭矩、温度、电压、电流、功率等各种工作参数），各舱室的液位、温度、压力、湿度、密度等参数，以及对排污系统的工作都采用各种电子设备来进行自动监测和控制。货物监视系统采用各种电子传感器监视各舱室的货物装载量（或液位）及温度、湿度情况，然后将信息传送给综合管理系统，以便及时调整通风、压水等措施。

　　（3）安全报警和应急救助设备。现代船舶在各种舱室（货舱、生活舱、驾驶室、机舱等）和重要场所均装有各种电子报警系统，对烟雾、火警和进水等灾难均能及时报警。一旦发生危急情况，需要救助和准备弃船时，还有很多紧急求助设备可供使用，除正常的通信系统可用来发出求救信号外，船上还有应急自动拍发器，可用来自动发出船位报告。此外，全球海上遇险和安全系统（GMDSS）工作后，船上还将配备应急无线电示位信标，它发出的信号可供搜救卫星搜索难船位置时使用，从而可及时通知搜救机构组织援救。另外还备有搜救用雷达应答标，便于救助船及时用雷达在远距离外发现难船。救生艇上通常还备有应急电台和各种救生和遇难标志灯，可持续不断地发出求救信号。

（4）生活和娱乐电子设备。船用生活和娱乐电子设备基本上和陆用的种类差不多，如空调、电视机、收音机、音响设备等。只不过船用产品的要求要比陆用产品更为严格，因为海上的使用环境较陆上更为恶劣，必须要有良好的抗干扰、抗盐雾、抗摇摆、抗震动、抗潮湿等方面的性能。

小型游艇的驾驶台

大型船舶的驾驶舱

→ 民用船舶配备的雷达有何特点

雷达应用于民用船舶已经有半个多世纪的历史，它们通常被称为船用雷达，也称航海雷达或船舶导航雷达。雷达能够及时发现远距离弱小目标，精确测量目标相对本船的距离和方位，确定船舶位置，引导船舶航行。通过传感器的支持，雷达还具备了目标识别与跟踪、地理参考信息显示等功能，能够有效地避免船舶碰撞，保障航行安全。雷达的出现是航海技术发展史上的重要里程碑，鉴于其在船舶避碰中的重要作用，《国际海上避碰规则》中明确规定了船舶应正确使用雷达和进行标绘。

雷达的工作原理是发射微波脉冲（也称雷达波），微波具有似光性，在地球表面以近似光速直线传播，在遇到岸线、岛屿、船舶、浮标、海浪、雨雪等物体后散射，散射后，部分散射波被雷达天线接收，经过接收系统处理，通过调节雷达显示屏的亮度，最终以亮点的形式在显示器上显示。

船用雷达通常由天线、发射机、接收机、显示器和电源组成。

民用船舶的雷达天线

　　天线一般装在船舶上层建筑的顶端，早期采用抛物面反射天线，现已为波导缝隙阵列天线所取代。天线由马达驱动，可以做 360° 连续环扫。

　　发射机用来发射雷达脉冲。船舶通常要求配备两部雷达，一部是 3 厘米雷达，发射 X 波段（9320～9500 兆赫）脉冲，有较高的方位分辨力，主要用于近距离目标探测；另一部是 10 厘米雷达，发射 S 波段（3000～3246 兆赫）脉冲，主要用于远距离目标探测。

　　接收机用来接收物标的反射波，进行处理放大后传输给雷达的显示设备。

　　显示器位于船舶的驾驶室，雷达传感器将探测到的船体周围目标以平面位置图像的形式显示在屏幕上，屏幕上的扫描线沿屏幕顺时针匀速转动，与雷达天线同步。显示器上有控制旋钮，用来调整扫测参数。

　　雷达电源早期用变流机，现已普遍采用逆变器，也有直接用船电的。

　　由于雷达本身性能和物标反射特性的影响，雷达无法探测到水下目标，图像有时会出现失真，并易受雨雪、风浪、同频波的干扰，还可能出现假回波，所以对于雷达的作用应有正确的认识，不能完全依赖雷达进行船舶的避碰和导航。

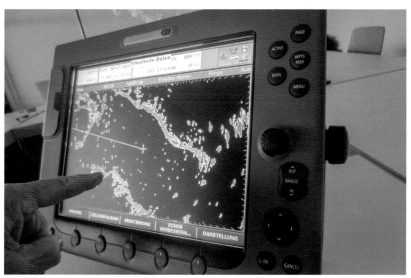

民用船舶的雷达显示器

民用船舶是否配备声呐装置

声呐（sound navigation and ranging，SONAR）是利用声波在水中的传播和反射特性，通过电声转换和信息处理进行导航和测距的技术；也指利用这种技术对水下目标进行探测（存在、位置、性质、运动方向等）和通信的电子设备，是水声学中应用最广泛、最重要的一种装置，有主动式和被动式两种类型。

声呐功能与雷达相似，故在军事领域也被称为"水下雷达"。声呐在军事上被看作舰艇的水下耳目，用于实施进攻、侦察、导航等。声呐在民用领域中也被广泛应用于船舶导航、海洋勘测、探鱼群和石油勘探等。随着人类对海洋的开发，其应用范围还将不断扩大。

声呐的工作原理是由发射机产生的一定频率的电脉冲，通过安放在水中的发射换能器变成声信号辐射出去，遇到障碍物即反射回来，由换能器转换成电信号，接收机把它放大，在指示器上显示目标的距离和方位。

在水中进行观察和测量，最合适的只有声波。这是由于其他探测手段的作用距离都很短，光在水中的穿透能力有限，即使在最清澈的海水中，人类也只能看到几十米内的物体。电磁波在水中也衰减太快，而且波长越短，损失越大，即使用大功率的低频电磁波，也只能传播几十米。然而，声波在水中传播的衰减就小得多，在深海声道中引爆一个几千克的炸弹，在20 000千米外还可以收到信号，低频的声波还可以穿透海底几千米的地层，并获取到地层中的信息。在水中进行测量和观察，至今还没有发现比声波更有效的手段。

声呐装置一般由基阵、电子机柜和辅助设备三部分组成。基阵由水声换能器以一定几何图形排列组合而成，其外形通常为球形、柱形、平板形或线列形，有接收基阵、发射基阵或收发一体化基阵之分。电子机柜一般有发射、接收、显示和控制等分系统。辅助设备包括电源设备、连接电缆、水下接线箱、增音机，与声呐基阵的传动控制相配套的升降、回转、俯仰、收放、拖曳、吊放、投放等装置，以及声呐导流罩等。

换能器是声呐的重要器件，它是声能与其他形式的能量如机械能、电能、磁能等相互转换的装置。它有两个用途：一是在水下发射声波，即"发射换能器"，相当于空气中的扬声器；二是在水下接收声波，即"接收换能器"，相当于空气中的传声器（俗称"麦克风"或"话筒"）。换能器在实际使用时往往同时用于发射和接收声波，专门用于接收的换能器又被称为"水听器"。换能器的工作原理是利用某些材料在电场或磁场的作用下产生伸缩的压电效应或磁致伸缩效应。

现代化渔船上的声呐设备

自动雷达标绘仪有何作用

二战后，船用雷达的使用，给安全航行提供了一定的保证。但是由于航运事业的发展，航道的日益拥挤，装有雷达的船在雾天航行不减速，有的驾驶员过分依赖雷达和现有雷达功能的局限性等因素，使雷达的普及并没有使碰撞事故减少。为此，各国于20世纪60年代后期都投入了一定力量，致力于研究新的雷达避碰系统。自动雷达标绘仪（ARPA）就是在这种背景下问世的。

ARPA 是指一种能自动跟踪、计算和显示选定物标回波，并能预测避让结果的雷达系统。该系统由 ARPA 单元和雷达组成。ARPA 单元对人工或自动录取的目标和陀螺罗经、计程仪等传感器提供的信息进行分析、处理，给出并显示目标的航向、航速、方位、目标与本船的距离、最近会遇距离和到最近会遇距离的时间等各种数据，以及视觉和声响报警，驾驶员可根据 ARPA 提供的人工和自动试操船功能决定所需的避让措施。

ARPA 的主要优点是减少了人员的工作量，并对选定的目标提供了更全面、更及时的信息。ARPA 跟踪目标可达 40 个以上，最大跟踪距离一般为 24 海里，是船舶驾驶员进行避让作业较为理想的设备，但在目标捕捉、跟踪可靠性等方面有一定的局限性。ARPA 处理雷达信息比传统雷达更快，但受到的限制仍然相同。

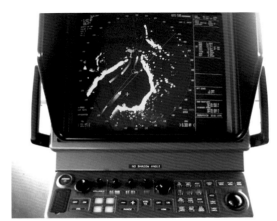

典型的船用自动雷达标绘仪

民用船舶是否需要自动识别系统

众所周知，敌我识别是现代信息化战场军事对抗的重要手段之一，它可以大大增强作战指挥与控制的准确性和各作战单位间的协调性，显著地加快系统反应速度，降低误伤概率，特别适合多兵种联合作战使用。现代军队装备的舰艇、飞机、坦克等武器都配备了敌我识别器。

事实上，民用船舶也安装了类似的设备，即船舶自动识别系统（automatic identification system，AIS）。AIS 由岸基（基站）设施和船载设备共同组成，是一种新型的集网络技术、现代通信技术、计算机技术、电子信息显示技术于一体的数字助航系统和设备。它是在军用舰艇、军用飞机所装备的敌我识别器基础上发展而来的，配合全球定位系统（GPS）使用，对船舶安全有很大帮助。

AIS 是在甚高频（VHF）海上移动频段采用时分多址接入技术，自动广播和接收船舶静态信息、动态信息、航次信息和安全信息。通过信息交换，能够有效地完成船舶识别和避碰、导航，从而确保船舶的安全。国际海事组织（IMO）规定，国际航线的 300 总吨以上船舶和公约国航行于国内航线的 500 总吨以上的船舶，必须分阶段安装 AIS 设备。

船载 AIS 发射的静态信息包括船名、呼号、船长、船宽、IMO 编号以及船舶类型；动态信息包括船位（经纬度）、航向、速度、航行状态等内容。它的作用距离大约为 25 海里，也就是说，通过 AIS，可以知道本船 25 海里范围之内所有装载 AIS 系统的其他船舶的信息，包括船名是什么、是航行还是抛锚、航向多少、航速多少等信息。同时，AIS 不受能见度、雨雪以及障碍物的影响，大大提高了船舶之间协调避让的能力。

目前，随着引航信息化的建设，我国各引航机构也都建立了基于 AIS 的港口船舶引航系统，通过设立 AIS 岸基接收站，能够对整个港区的船舶动态进行实时监控，有效提高了引航工作的效率，确保了引航安全。

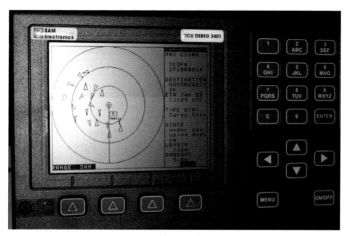

AIS 船载设备

美国海岸警卫队利用 AIS 管理船舶

何为全球海上遇险和安全系统

全球海上遇险和安全系统（global maritime distress and safety system，GMDSS）是利用卫星技术和现代船用电子设备建立的一种全球性的集成安全自动应急通信网络。按国际海事组织（IMO）要求，1992 年 2 月 1 日起，凡在世界各地海域航行的 300 总吨以上货船和全部客船都必须装备 GMDSS 设备。一般 GMDSS 只用于民用船舶。军用舰艇在海上遇险时由于保密关系都首先通过本军的呼救通信系统求救，而在无法取得本军援救的危急情况下，也可利用 GMDSS 设备进行呼救。

GMDSS 主要由卫星通信系统、地面频率通信系统、管理信息系统及寻位系统组成。卫星通信系统由 INMARSAT（国际海事卫星组织）移动卫星通信系统和 Cospas-Sarsat 近极轨道搜救卫星通信系统组成。地面频率通信系统由 VHF（甚高频）、MF（中频）、HF（高频）分系统组成。管理信息系统由 NAVTEX（奈伏泰斯）、INMARSAT 增强型群呼系统和可用来扩充这些系统的高频窄带直接印字电报系统组成。寻位系统由搜救雷达应答器和 X 波段导航雷达组成。

倾覆的民用船舶

GMDSS 有以下七个主要功能。

（1）报警。报警是迅速并成功地把遇险信息提供给可能会提供救助的单位。这些救助单位，可能是岸上某一搜救协调中心（RCC）或相邻的某一艘船。GMDSS 可以进行船对岸报警、船对船报警、岸对船报警。在报警信息中，应指明遇险船的识别码。海上识别码有 3 种，即船舶电台识别码、船队识别码和岸台识别码。每艘船可按国际统一的 9 位十进制数字海上识别码进行识别。同时应指明遇险位置，即自带定位功能，还应尽可能提供遇险船的遇险性质，有助于搜救的信息。

（2）搜救协调通信。搜救协调中心通过岸台或岸站与遇险船，与参与救助的船舶、飞机，以及陆上其他有关的搜救中心进行有关搜救的直接通信。

（3）搜救现场通信。在救助现场与救助的船舶之间、船舶与飞机之间、救助船与遇险船之间的相互通信，通信距离较近。

（4）寻位。指遇险船舶或救生艇发出的一种无线电信号，称为归航信号或寻位信号，它有助于救助船舶和飞机寻找遇难船舶、救生艇或幸存的人。

遇险的集装箱船

（5）海上安全信息的播发。系统将提供各种手段发布航行警告、气象预报和其他各种紧急信息，以保证航行安全，任何一个服从国际海上人命安全公约的船舶都必须具备接收这些信号的手段。

（6）一般公众业务的通信。系统要求配备的通信设备除进行紧急通信外，还能进行有关公约业务的通信，也就是船舶与岸上管理部门、用户进行有关管理、调度、货物及个人方面的通信。其中某些通信是为了向岸上的人通报船舶是否处于安全的航行中。

（7）驾驶室对驾驶室的通信。驾驶室之间的通信包括传递有关航行安全等避让信息以及水上交通管制系统中的 VTF 通信，这种通信在狭水道和繁忙航道航行中是非常重要的。

磁罗经如何消除自差

磁罗经是利用地球磁场取得方位基准，测出船舶航向或目标方位的一种仪器。磁罗经有多种类型，按照构造分类，可分为台式、桌式、移动式、反映式。磁罗经使用时必须进行误差修正。由于误差来源于时间、地点、航向等因素的变化，所以误差修正比较复杂。但磁罗经有构造简单、不依赖电源、不易损坏和价格低廉等优点，所以它至今仍然是不可或缺的航海仪器之一。

磁罗经主要由若干平行排列的磁针、刻度盘和磁误差修正装置组成，磁针固装在刻度盘背面，在地磁场作用下，使磁针的两端指向地磁的南北极，从而达到指向的目的。当四周无附加磁场时，磁罗经可正确地指向北极，但装在钢质船上时，因受附加磁场作用，磁罗经便不再指正北极，而是指向另一方向，这个偏差被称为磁罗经自差，不消除自差，磁罗经便不能用。

根据自差理论，在东、南、西、北、东南、东北、西南、西北八个方向上自差最大，也最容易消除。消除这八个方向的自差后，可以计算出任何方向的剩余自差，最后画出一根剩余自差曲线供航行时使用。消除方法是利用岸标或太阳等已知方位，先测得磁罗经在该方向的自差，然后用磁棒和软铁块将其消除。同样地，其他方向的自差也可逐一消除。因为要用同一岸标，所以消除自差应该在航行试验中进行。

在船上，一般设有两台磁罗经：位于罗经甲板上的标准罗经和装于驾驶室的操舵罗经。前者可用上述方法消除自差（按规定，剩余自差不应超过 ±5°）；后者不行，只能根据标准罗经进行校对，故误差较大。

操舵罗经

正在操作磁罗经的船员

→ 陀螺罗经与磁罗经相比有何优势

长期以来，磁罗经作为测定船舶方位用的指向仪器，在各类船舶上得到广泛应用。然而随着航海事业和造船技术的发展，钢船代替了木船，特别是大中型船舶和潜艇的出现，磁罗经的可靠性和精确度远不能满足要求，这就促使人们寻求新的指向仪器，不久陀螺罗经问世。

陀螺罗经是一种完全不依赖外部的声、光、电、磁等一切信息的惯性器件，它能自主式地寻找真北并在运动物体上建立稳定的真北方位基准，从而准确测定运动物体运动方向。它是利用地球自转角速度和重力场的综合效应，使二自由度陀螺仪的自转轴自动寻找真北的。陀螺罗经作为一种能够准确寻找真北的导航仪器，已被广泛地应用在舰船上，成为海上导航的主要仪器，并被视为现代惯性导航的先驱。

陀螺罗经通常由主罗经和附属仪器两部分组成。附属仪器包括电源变换器、控制箱或操纵箱和分罗经等，是确保主罗经正常工作的必需设备。为了减少陀螺罗经的部件数，电源变换器可与控制箱组装，也可与主罗经组装成一体。主罗经一般可带 8 ～ 20 个分罗经，用以复示主罗经的航向。现代陀螺罗经向着尺寸小、重量轻、使用寿命长、维修方便、操作简便并能适用于大、中、小型船舶的趋势发展。例如，以逆变器代替变流机，以固态元件代替电子管，以无接触式发送器代替接触式发送器等。新型陀螺罗经的灵敏部分一般都制成密封球形，并用特制的液体支承内部空间以提高其精度和可靠性。

现代远洋船舶一般都同时装备有磁罗经和陀螺罗经。磁罗经简单可靠，陀螺罗经使用方便、定位准确。两者相辅相成，为远洋船舶保驾护航。

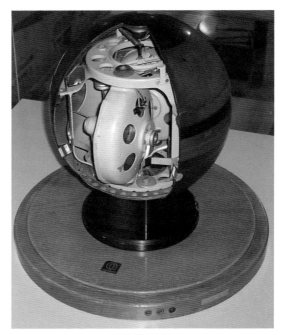

陀螺罗经剖面

现代船舶有哪些气象设备

气象设备是用于探测气象变化和接收气象资料的设备和仪器的总称。船用气象设备包括气象雷达、风向风速计、气象传真接收机等。

气象雷达分为测雨、测云和测风等多种，它们分别用于测定雨区的分布和降雨量，云层的厚度、高度及含水量，风暴位置（如台风中心）及其移动路线，以及跟踪探空气球以获得高空气象情报等。气象雷达大多在厘米波段和毫米波段工作，还可用来预报天气，以保障船舶安全航行。

风向风速计是用来测定风向、风速的仪器，既有手持风速仪，也有用电缆传送信号到显示器的电传风向风速仪和电接风向风速仪。其中，手持风速仪是一种便携式风速测试仪器，携带方便，可单手操作。

气象传真接收机是指接收气象传真图的无线电接收设备。传真广播台利用光电效应，将图片（或文字、符号）的光信号转换成电信号，然后借助无线电波将电信号向远处传播，传真接收机再将电信号按照一定的顺序还原成光信号，得到原图像。世界气象组织将世界各地气象台传真广播台划分为 6 个区域，及时发布气象部门的各种气象情报。航海常用的有传真天气图、传真海况图和传真卫星云图，对保障海上航行安全和提高船舶营运效率具有十分重要的意义。

民用船舶桅杆上安装的风向风速计

传统的航海六分仪为何仍在使用

航海六分仪是船舶使用的一种天文导航仪器，用它可以测定某一天体与水线间的夹角。由于仪器上的刻度弧长为圆周长的 1/6，所以叫作六分仪。由于使用航海六分仪定位既可靠又常用，所以几乎所有海洋船舶都有配备。

六分仪所基于的原理很简单：光线的反射角等于入射角。实际上，六分仪也可以测量任意两物体之间的夹角。其原理最初由牛顿（以及更早的胡克）提出。固定式大型六分仪很早就由各大天文台建造，供天体测量之用（如丹麦天文学家和占星学家第谷在汶岛建造的纪限仪、格林尼治天文台的大六分仪等）。

航海六分仪在扇形框架背面有手柄供握持用，框架上装有活动臂，活动臂最上端是指标镜。半反射式地平镜安装在六分仪的左侧（中部，正对望远镜者），地平镜旁边还配有滤光片供测量太阳等明亮天体时使用。测量天体地平高度时，观测者手持六分仪，让望远镜镜筒保持水平，并从望远镜中观察被测天体经地平镜反射所成的像。同时要调节活动臂，使星象落在望远镜中所见的地平线上。这也是地平镜需要用半反射玻璃制造的原因。

航海六分仪有光学六分仪和无线电六分仪两种，前者依靠可见光，后者依靠天体发射出来的无线电波来测定天体高度和方位角。与其他任何仪器一样，航海六分仪也存在误差，航海六分仪的误差有些是不可以检查和校正的，这些误差在仪器出厂时统一测量，放在装六分仪的盒子里供测者查找使用，称为器差。航海六分仪还有一些误差是可以检查和校正的，每次使用航海六分仪之前都要认真进行检查和校正。

正在使用航海六分仪的船员

航海六分仪

→ 动力定位装置有何利弊

动力定位装置是船舶或钻井平台在风、浪、流等外力作用下，利用自身动力自动保持所要求的位置和方向角的一种主动定位的装置。其定位方法有声学定位、张紧绳定位和无线电定位等。

动力定位装置主要由传感系统、控制系统和推力器三部分组成。

传感系统能及时并准确反映出船舶对海底某定点所发生的偏移，最常用的是声学传感系统。其工作原理是：设在海底某定点的发声器发出脉冲声波，在船底安装数个收听器，根据数个收听器接收到来自发声器脉冲声波的时间迟早，从而测得船舶偏移的大小和方向。

控制系统由计算机等组成。传感系统输入信息，计算出纠正船舶偏移所需推力的大小与方向，再向推力器下达指令，使船舶移动纠偏，并使船艏始终处于顶浪方向，以尽可能减小外力的作用。

推力器一般采用推进用的螺旋桨、侧向推进器或全向推进器。

由于锚泊定位受水深的限制，随着海洋开发日渐向深海发展，对移动频繁的地质取芯船，以及在海底工程、深海钻探、打捞救生等方面，动力定位比锚泊定位更为方便，使用更为广泛，缺点是技术复杂、造价较高。

装有动力定位装置的钻井船

回声测深仪的原理是什么

回声测深仪是用回声测距法测量水深的装置。以前人类采用各种各样的方式探测海水深度，但是效果都不理想，而且存在着误差。现在人类最常用的探测海水深度的设备就是回声测深仪。那么，回声测深仪是如何测量海水深度的呢？

回声测深仪是基于回声测距的原理而研制的。回声测深仪可分为记录式和数字式两类，通常都由振荡器、发射换能器、接收换能器、放大器、显示和记录部分所组成。发射换能器从海面向下发射声脉冲，声脉冲在水中向下传播，遇到密度不同的海底介质时发生反射，反射后的声脉冲在海水中向上传播，并被海面的接收换能器所接收。根据声脉冲在海水中往返的时间和它在海水中的声速，就能算出换能器至海底的直线距离，即水深。例如，在常温下，海水中声速的典型值为1500米/秒，如果测得声脉冲在水中往返的时间为3秒，则海水的深度为2250米。由于声波在海水中的传播速度随海水的温度、盐度和压力的变化而变化，所以，计算时还要做必要的修正。

回声测深仪的主要作用是发现水中障碍物，以保证船舶安全航行。另外，当船舶在沿岸航行时，如果不可能用比较准确的方法来测定船位，则可以利用观测某一物标的方位并根据当时所测得的水深，求出近似船位。回声测深仪除助航外，还可用来进行水底地形的调查，如航道及海图测绘。海洋调查中水深数据都是由精密回声测深仪提供的。

测量船和考察船的回声测深仪，其工作频率较低（约几千赫兹），发射功率较大，最大测量深度有的可达10 000米以上。用于内河、水库和水工工程等方面的回声测深仪，其工作频率较高（200千赫兹以上），发射脉冲短促（约0.05毫秒或更小），最小测量深度有的只有十几厘米。

回声测深仪原理图

海图与普通地图有何区别

　　海图是按照一定数学法则，运用符号系统和制图综合原则，专门绘制的着重表示海洋及其毗邻陆地各种自然地理和人文地理要素的地图。按用途分类，可分为普通海图和专用海图。普通海图能够较详细地表示海岸性质、岛屿、海底地貌、底质和海洋水文等海区的地理要素，以及沿岸显著目标、助航设备、航行障碍物、地磁偏差等航海要素，主要用于航海定位、保证航行安全，有海区总图、航行图、港湾图等。专用海图是根据专门的用途突出表示某些海洋要素而制作的海图，如双曲线导航图、海洋重力异常图、海洋地磁图、海洋水文图等。

　　既然海图是地图的一种，两者自然有许多共同点。首先，制图的基本方法是一致的，都是将极不规则的地球表面上的制图现象表示到平面上，都要有特定的数学基础，都要设计特殊的符号系统，都要对制图现象进行综合和概括。其次，制图的程序也是一样的，都要进行外业的测量和调查，然后进行内业整理、制图作业，再编制成图。最后，图形的载体也基本一样，或印在纸上，或以数字形式储存在计算机中，或显示在屏幕上。

　　海图与普通地图又有许多不同之处。首先，获取海图资料的方法不同于陆地地形图（以下简称陆图）。差别最大的是海图表示的内容和表示方法明显不同于陆图。以海底地形图和陆图为例，陆图以水系、居民地、交通网、地貌、土壤植被和境界线六大要素为其主要内容；而海底地形图主要内容为海岸、海滩和海底地貌，海底基岩和沉积物，水中动植物，水文要素，灯标、水中管线、钻井或采油平台等地物，以及航道、界线等。海图中数量最多的航海图，除内容不同于陆图外，在表示方法上也有许多不同于陆图的地方，例如，多采用墨卡托投影；没有固定的比例尺系列；深度起算面不用平均海面而用特定的深度基准面；分幅沿海岸或航线进行；在邻幅间还有重叠部分；有自己特有的编号方法；符号设计原则和制图综合原则也略有不同；为保证航行安全，航海图出版后要不间断地进行修正，始终保持现势性等。

🔊 **小知识：**

　　现势性，地学术语，指地图所提供的地理空间信息要尽可能地反映当前最新的情况。

海图绘图仪

→ 海图室中有哪些重要工具

海图室是存放海图并进行海图作业的场所。大型船舶一般将其设在驾驶室的右后侧,并有门与驾驶室相通。小型船舶由于面积的限制,通常设在驾驶室内部。海图室的面积要满足放置海图桌、航海资料文件柜、测位仪表等物品和人员工作活动的需要,一般须有 6 ~ 16 平方米。

海图室应靠近驾驶室布置,在其左、右舷侧翼露天平台上应各设置一个罗经测向部位,组成 360° 的测向视界,在交界处尽可能有一定的重叠视界。当海图室与驾驶室合一布置时,应能同时符合两者的布置要求。航海仪器一般布置在海图室内,当有必要设置专用航海仪器舱室时,应邻近海图室布置。

在海图室及驾驶室测量方位线或给定航线时,把这些资料落在海图上是要靠一些仪器的,通常在商船上常备的是铅笔、橡皮、平行尺和两脚规。另外又有因航海员的习惯不同加用三角板、分度仪等。特别考究的海图室甚至还装置了万有绘圆仪。

(1)铅笔。用于海图作业的铅笔以偏软的 4B 铅笔为佳,应保持尖锐并多备几支。在图上绘线注字应尽量轻柔,如果用力过大,则铅色过浓不易擦除,从而有违保持清洁的原则。

(2)橡皮。以胶质橡皮为佳,其优点是时间长了不会变硬。普通的软质高级橡皮也可以使用,但不宜过大,否则会因硬化而造成浪费。变质的橡皮不仅无法擦净图上的铅笔线条,还会损伤纸质。这种损伤往往会无意中擦去图上的符号而带来严重的后果。

(3)平行尺。普通的平行尺是由两根等长的尺并联而成的尺。特殊的平行尺是在尺的两端各装一滚珠。平行尺的主要作用是帮助航海员在海图上测量和绘制航向线、航线和航程。平行尺的材质有铜、木、电木等,其中电木材质最受船员欢迎。

(4)万有绘圆仪。主要是一个分度仪装在活动的平行连环具上。由于连环的作用,这个分度仪便可移至图画上的任何部位。分度仪上又另可装上一支有刻度的尺,这种尺是背有长短不同的若干支,依需要不同而配用,用时先装上一根,如画天体方位线时则再加上一根和先前一根形成直角。

（5）三角板。绘制方位线的工具有平行尺、万有绘圆仪等，但许多海员却喜欢使用三角板来做这项工作，运用两块三角板反复推移，同样可以达到目的。普通三角板都是透明胶质的，以较厚较大的三角板为佳。

（6）两脚规。用于海图作业的两脚规是用来测量长度的。选择两脚规以白铜、不锈钢或合金质材质为佳，长度以18厘米、23厘米为佳。两脚应松紧适度，过紧使用不便，过松则难以保持既定的幅长。

（7）圆规。两脚规的两脚都是钉尖，而圆规则是一脚为钉尖，另一脚装铅笔。圆规用于绘圆，绘制灯塔的视界弧度及天体高度的位置弧线等都能用到。

（8）方位线尺。海图没有方位刻画，或者担心平行尺移动距离较远而变动方位时，均可使用方位线尺。实际上方位线尺便是一根直尺上面加上了一个全圆分度仪，适合绘制较长的航线。

（9）分度仪。又称量角规，任何大小的分度仪都可以供海图室使用，以半圆、透明为佳。分度仪可在海图上或其他场合给定方位或角度。

（10）放大镜。为读图而设的工具，在探取航道时有放大镜的协助，可使图上的标注更显眼。

（11）三杆定位仪。配合六分仪进行三标两角法或目标方位夹角法测定船位的工具。三标定位仪一般包括分度盘，分度盘的盘面上设置有刻度，分度盘上还有固定设置的中杆，中杆两侧具有边杆，边杆的端点位于分度盘中心并可绕分度盘中心旋转。

民用船舶的海图室

电子海图为何被称为技术革命

电子海图是当今发展的热门技术，其中发展较快、较成熟的是电子海图显示与信息系统（ECDIS）。电子海图采用矢量图形式，已成为国际海事组织标准化产品。电子海图是导航的一次革命，将使无纸（无纸图）导航舰桥系统得以实现。

ECDIS 可将海图信息、目标信息、导航信息、船只状态信息等进行综合显示。它被认为是继雷达之后在船舶导航方面又一项伟大的技术革命。从最初纸海图的简单电子复制品到过渡性的电子海图系统（ENS），ECDIS 已发展成为一种新型的船舶导航系统和辅助决策系统，它不仅能连续给出船位，还能提供和综合与航海有关的各种信息，从而有效地防范各种险情。

目前各国安装电子海图的舶船已超过 20 万艘。随着各国官方电子海图（ENC）逐步完备、标准 ECDIS 的出现以及国际海事组织（IMO）的认可，未来 ECDIS 将全面取代纸海图，成为 21 世纪航海信息综合处理的主要手段。

电子海图之所以引起高度重视，是因为它具有传统纸海图无法比拟的优点。ECDIS 可以进行自动航线设计、航向航迹监测、自动存储本船航迹、历史航程重新演示、航行自动警报（例如偏航、误入危险区等）、快速查询各种信息（例如水文、港口、潮汐、海流等）、船舶动态实时显示（例如每秒刷新船位、航速、航向等），将自动雷达标绘仪的回波图像叠显在海图上，数千幅海图的自动更正只需几分钟。使用电子海图，能够把驾驶员从海图作业这一事务性工作中解放出来，使其把主要精力放在航行监视和及时制定操船决策上来。

虽然 ECDIS 功能较强，但它只是一种助航仪器，其系统本身的局限性、显示误差和故障，以及使用者对系统设置和使用中的不适当或错误、传感器的误差、备用布置使用上的及时和有效等都要求使用者对其决不能过分依赖。使用者不仅要充分掌握其性能并充分、适当地利用其功能，而且要在航行中充分利用适当的瞭望和独立于该系统的手段和方法，检验系统的有效性和是否存在误差，以保证航行安全。

船舶驾驶舱中的电子海图

如何使用号灯进行海路通信

　　船舶的号灯按用途分为两种：航行灯和信号灯。号灯的开、关时间一般是以日落、日出为时间界限的。

　　航行灯是船舶照明系统中的一个独立部分，是保证船舶夜间安全航行的重要灯光信号。在任何情况下，都必须保证它的明亮，以表明本船的位置、状态、类型、有无拖船等，从而防止周围或过往船舶误会，造成海损事故。根据船舶的吨位大小和尺寸长短，不同船舶的航行灯数量有所不同。长度大于 50 米的船舶，应安装 5 只航行灯，分别为前桅灯、后桅灯、后尾灯、左舷灯、右舷灯。相关规则规定，在能见度不良的情况下，任何时候，即使是在白天，也要开启航行灯。

　　信号灯是船舶在各种特殊情况下的灯光标志，特别是夜间航行，更是不可或缺的通信联络工具之一。信号灯的控制一般集中在驾驶室，要求两路供电。信号灯的种类很多，为了满足某些国家的港口和狭小水通道的特殊要求，远洋船舶的信号灯设置比较复杂。这些信号灯通常安装在驾驶室顶上专设的信号桅或雷达桅上，按照规定将数盏（8 ～ 12 盏）红、绿、白等颜色的环照灯分成两行或三行安装。

船舶灯光通信使用摩尔斯符号，发信人手工操纵闪光灯发送，收信人通过视觉接收。摩尔斯符号以点码（短）和划码（长）单独或组合来组成字母和数字。约定发送方法为：点码持续 1 单位时间；划码持续 3 单位或更长时间；字符内码与码间隔 1 单位时间；字符之间间隔 3 单位或更长时间。然而，在实际发送过程中，存在单位时间长度（或者说发送速度）因人而异以及随机误差引起点码（或划码）长短不一的问题。只有经过一定的专业训练，才能发送得比较规范，易于被收信人识别。

然而灯语的发送和读取都是靠人工获得和解码，如果缺少专业人员，那么将会对航行船舶造成十分巨大的影响。由于人的视觉暂留为 $0.1 \sim 0.4$ 秒，因此闪光和简写的单位长度应该超过人的视觉暂留，这随双方信号员个人情况而有所变化。而视觉暂留现象，使灯光通信的速度受到了很大限制。

现代科学技术将灯光信号的发送和接收自动化后，使用不可见光代替原来的可见光通信。这一改造将使灯光通信更加保密，更加隐蔽化。但是现有的光通信技术主要应用于陆路交通运输中，在载具间传递简单的距离、位置信息。而海路航运与陆路运输不同，其存在以下问题：海路航运中船舶间距离相比陆路运输中车辆间距离远得多，因此对信号传播距离有更高的要求；海路通信方式不如陆路通信方式多样，特别是遭遇战争、恶劣天气或设备损坏等非正常因素的影响，因此灯光通信作为一种相对较为稳定的传播方式，相对于陆路环境中更需要依靠其传递更多的信息，所以对信号编码及信号的接收有更高的要求。为此，航行灯和信号灯的光弧、能见距离、色度、外壳防护和安装位置都有严格规定。船灯的设计、制造必须符合船舶规范和国际公约的有关规定，并经船舶检验部门检验合格发给证书后方可装设使用。

正在操作号灯的船员

船用电话的主要作用是什么

　　船用电话是指以特定工作频率在船上使用的无线电话。船用电话和汽车电话一样，即把无线电话安装在船上，沿岸设立基地台，使无线电波覆盖沿岸海面。为了增大船、岸之间的通信距离，一般都将基地台安装在地形最高的地方。

　　船用电话广泛地用于业务联系，定时报告船位和进出港日期，听从陆地调动指挥。在海上航行的船舶，随时可能会面临风浪、暗礁、浅滩以及船舶碰撞的危险，因此海上气象预报是船舶通信不可或缺的内容。因为海上的飓风对船舶威胁最大，世界上每年都有船舶因受飓风的袭击而翻船沉没。所以沿海各国组成了海上无线通信网，定时向船舶发布各个海域的气象资料。

　　船舶装载的货物数量多、种类杂，在进入一个国家的海关时，报关是很烦琐的事情，要花费很长时间。有了船用电话，在海面上就可以提前几天通过船用无线电话信道及无线电终端设备把船上的货物清单、船员和乘客名单一一报告海关。当然这是通过计算机的数据通信完成的，不是船员口述。等到船舶进港时，一切手续俱已齐备，可以节省大量时间。

　　船员还可利用船用电话在遥远的大洋与陆地上的亲属通话，使寂寞的海上生活多一些温暖和欢笑。如果船员想与亲属通话，船用电话就把电波发射到基地台，经中继线传至陆地有线电话局，再通过电话局的线路即可将家里的电话接通。

老式船用甚高频无线电话

→ 声力电话系统为何必不可少

声力电话系统，指不需要供给电源，仅依靠话音的能量，实现声—电转换及电—声转换，完成电话通信的系统。声力电话系统由于组成形式的不同又可分为对通式声力电话系统、互通式声力电话系统、总机式声力电话系统等。

声力电话系统是一种古老的电信系统，利用讲话时声波冲击薄膜片，使与薄膜片相连的衔铁产生振动，促使穿过衔铁线圈中的磁通产生变化，在线圈中感应出声频电流而传播声音。

声力电话系统由三个部分组成：①通话设备，用于声、电互相转换，包括送话器、受话器、混合线圈、消侧音装置等；②信号设备，用于发出和接收呼叫信号，包括手摇发电机、拨号盘装置、电铃、氖灯等；③转换和附属设备，用于信号电路与通话电路的转换，包括叉簧开关、按键和用于改善通话条件所用的电阻器、电容器等。

由于声力电话系统仅靠话音能量便能实现通信，因此其传输距离有限。但由于不需要电源、声音清晰，目前仍广泛地用于各个船舶上，主要用作舱室之间（距离较近）的应急通信（出现电源故障其他电话系统无法正常通信时）及损管部门的应急电话。

声力电话

→ 船舶驾驶台与机舱如何沟通

　　船舶驾驶台与机舱联系用车的主要手段是车钟。车钟又称"传令钟"，是驾驶台与机舱之间用来传达用车要求、发出车钟口令的专用传令设备。船上驾驶人员用以向机舱传达主机运转命令，机舱人员用以回报该命令执行情况。

　　车钟有机械和电力等传动方式，有的附有自动记录装置。车钟由两个或两个以上组成一套，分别安装于驾驶台和机舱内，当一方摇动摇把时，能带动对方车钟上的指针，以表明用车要求或做出回复，同时发出声响或指示灯光，以引起操作人员的注意。需要注意的是，在用车之前是要备车的，时间一般要求提前 40 分钟，主机备妥后，驾驶员和轮机员还要核对车钟的一致性，以保证车钟口令传达无误。每次用车指令的变换，驾驶台和机舱的控制室都要求做记录，为此专门有车钟记录本。

　　车钟一般来说有微速进、前进一、前进二、前进三、停车、微速退、后退一、后退二、后退三 9 种。如果驾驶台想用前进二，就把车钟推到前进二位置向机舱发出用车指令，机舱下面就会听到铃声，轮机员把车钟推到同样的位置铃声才会停止（驾驶台和机舱的车钟铃声是同时响、同时停），机舱立即执行用车指令，把主机开到前进二。

车钟

船钟为何设置红色标线区域

船钟是一种适于船用、走时较为准确的时钟。船钟对精度要求非常高，而且还要求有抗摇摆、抗水淋的性能，温度系数也要小。

船钟有不同的种类，其中最高级、最精密的船钟叫作"天文船钟"，它被装在精致的木盒子里面，并且有万向节的支架，以保证船只在波涛汹涌的海上航行时，天文船钟能始终保持平面工作。天文船钟结构复杂，走时精度极高，价格也非常昂贵。而大量的船钟是被固定在船里房间墙壁上的，一般这类船钟统称为"船舷钟"。根据用途不同，有些船钟也被叫作"报房钟"，因为它是船只无线电室里的必备品。报房钟有个最大的特点，就是在钟的表盘上有一个画有红色标线的区域。

报房钟的红色标线区域源于 1912 年"泰坦尼克"号客轮沉没事故。当时"泰坦尼克"号客轮撞上冰山后，发出了烟火信号和无线电呼叫代码，但是离出事地点最近的（仅 18 海里）美国轮船"加利福尼亚人"号的无线电收发报员，竟然在这时关掉电报机睡觉去了，导致"泰坦尼克"号客轮的大部分人员没能得到及时救援。

表盘上画有红色标线的报房钟

　　"泰坦尼克"号客轮的沉没极大地影响了船只的制造和无线电通信。1913 年 12 月 12 日，第一届海上生命安全国际大会在英国伦敦召开。大会通过了关于救生艇、无线电通信、航行安全训练等数项提议，并讨论了冰山检测问题。大会签订的条约规定船上的无线电通信必须 24 小时开通，并加上一个备用电源，这样就不会漏掉呼救的信号。另外，从船上发送的任何火箭必须被解释为一种求救信号。这个条约最后演化成《国际海上人命安全公约》。

　　英国政府对"泰坦尼克"号客轮沉没的教训刻骨铭心，为了防范类似事故再次发生，国际组织制定和完善了相关的法律和公约。报房钟的红色标线区域用于指示无线电静默时间。在 500 千赫兹频率有专门负责无线电的人员值班守听，每天 24 小时中，每小时的 15 ～ 18 分和 45 ～ 48 分为无线电静默时间，在这段时间内，值班人员必须放下别的事情，专心收听可能到来的海上求救信号。

第5章
运 行 篇

在国际贸易上，水路运输是较为普遍的运送方式。水路运输每次航程能运送大量货物，而空中运输和陆路运输每次的负载数量则相对较少。虽然水路运输所需时间较长，但成本较为低廉，这是空中运输与陆路运输所不能比拟的。本章主要就船舶运行的相关问题进行解答。

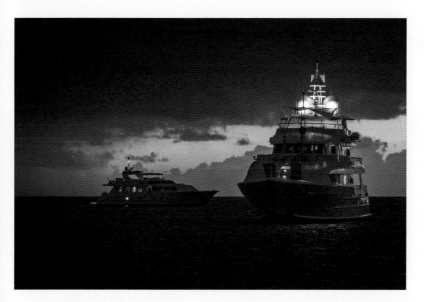

→ 概　述

　　船舶作为一种人造交通工具，其航行和作业活动都离不开人类的操纵。包括船长在内的船上一切任职人员，都被称为船员。通常将持有船员适任证书的人员和政委、事务长、船医统称为高级船员，余者则被称为普通船员或一般船员。根据船员分工特点，货船分为甲板部、轮机部和事务部，大副、轮机长、事务长分任部门长，客船通常会将事务部归并于客运部，客运主任担任部门长。船长是船舶领导人，对驾驶船舶和管理船舶负全部责任。我国设置的政委也是船舶领导人，分管思想政治、党务和部分行政工作。

　　船员是完成水路运输任务的关键。各国海商法和船员法对船员权利和义务有专门规定，以实施管理和保护。我国政府规定，船长、驾驶员、轮机长、轮机员、电机员、报务员等必须持有发证机关签发的海船（或内河船）船员适任证书，其他船员必须经过相应的专业技术训练。国际航行船舶上的中国籍船员，必须持有海事局颁发的海员证。为了保障人身财产安全，保护海洋环境，船舶必须备有船舶最低安全配员证书，海事局通过船舶进出港口检查和签证对船员的数量和证书配备实施监督。

　　船员的一般权利包括：取得工资报酬权；病残补助金请求权；受遣返权；休假权；获得保险的权利。船员的一般义务包括：忠于职守、服从指挥；不得随船私运货物，不得携带违禁品。

正在学习操纵船帆的船员

船长的具体职责是什么

船长是船舶领导人，船长对船东（船公司）负责，是船舶安全生产、航行指挥、行政管理、技术业务和涉外工作的负责人。船长应严格遵守有关国家法规和规章、国际公约和条例，以及地区性规定，尤其是国际海上防污染公约及各国有关防污染的规定，严格贯彻执行船东（船公司）对船员的各项行政管理制度，领导船员严格履行岗位职责，保持船舶适航、适货和设备的良好技术状态，确保船舶的安全生产。

船长的主要职责有：负责审批大副编制的货物配载计划，严格执行乘员定额和载重线规定，不得超载，在装卸危险品、大件或贵重物品时，船长应亲自监督；负责审批各部门负责人制订的运输生产和维修保养方面的航次工作计划；负责组织全体船员制定和落实防火、防爆、防海盗、防偷渡、防走私等各项防范措施；负责审核并签署应变部署表，定期主持救生、消防等各种演习；负责审阅并签署航海日志，监督航海日志、轮机日志和电台日志的正确记载；负责保管船舶公章、重要文件、船舶证书、船员证书等，证书到期前应及时申请检验或更换。

起航前，船长应通知各部门负责人做好起航前的准备工作。督促二副备齐并改妥所需海图和其他航海图书资料，审定安全经济的计划航线；制订并落实航次计划，备足航次所需的燃料、备件、物料、淡水、伙食等；检查备齐各种船舶证书、船员证件、运输单证以及港口文件，办妥离港手续。

航行中，船长应督促各部门负责人认真落实航行计划及相关措施，及早布置和落实防暴风、防台风、防冻、防碰撞以及雾航等安全措施。在船舶进出港口，靠离，移泊，通过狭水道或船舶密集海域，在冰区、礁区航行，以及遇到恶劣天气、能见度不良或法条中包含的其他情况时，船长应上驾驶台亲自指挥。即使有引航员引领时，船长仍负有安全责任。夜间航行时，应将有关航行指示和安全注意事项明确记入"船长夜航命令簿"。

在停泊期间，船长应布置值班注意事项，并督促检查值班情况。

第 5 章

在船舶发生海损事故时，应按规定发出扼要的海事声明或海事报告，连同航海日志摘要在船舶抵达第一港口时送交有关部门签证，并根据自身情况申请检验。

船舶发生危及在船人员人身财产安全的事故时，船长应及时组织船员和其他在船人员尽力施救。在船舶沉没不可避免的情况下，船长可以做出弃船决定，但应尽可能报经船舶所有人同意。在弃船时，船长应当最后离船，并尽可能携带国旗、航海日志和其他重要文件。

在紧急情况下，船长为保障水上人身安全与财产安全，以及保护水域环境，可独立做出判断和决策。船长在不严重危及本船和船上人员安全的情况下，应当尽力救助落水人员。

船舶发生水上交通事故或水域污染事故，船长应采取一切措施尽力防止损失扩大，并撰写水上交通事故报告书或水域污染事故报告书。

在修船时，船长应认真审批各部门修理计划，检查进厂前的准备工作，做好防火、防爆、防工伤等工作。修理过程中，要经常检查工程的质量和进度，严格监督和验收，保质保量地按期完成修船任务。

现代游轮的船长

船长在什么情况下有权弃船

当船舶发生海上事故（例如碰撞、爆炸、火灾、搁浅等），危及在船人员和财产的安全时，船长有义务组织船员和其他在船人员尽力施救。当船舶的沉没已不可避免时，船长有决定弃船的权利。

但这一权利受到一定的限制，这就是法律规定的"除紧急情况外"的一般情况下，条件允许时，船长决定弃船应当征得船舶所有人的同意，这是因为现代的通信技术发达，报告船舶所有人是很容易办到的。之所以这样规定，原因在于船舶作为特殊财产，造价高是其明显特点，再加上船载货物的价值，一般也在数千万人民币上下，至于万吨级以上或新类型的先进船舶（例如滚装船等）的价值就更大。对价值如此巨大的财产的处理应当极为慎重，作为一船之长的处理权利也并不是绝对的。

所以法律规定船长应当做到：①组织全船人员施救，如堵漏、排水，如果是客轮应对旅客全力施救，使旅客安全脱险；②当船舶沉没已不可避免时做出弃船决定，在一般情况下应报告船舶所有人并征得其同意，船长在尚未做出弃船决定时，应召开会议或征询船上其他高级船员的意见，如果众人意见不一致，船长有最后的决定权；③弃船前，应当指挥船员尽力抢救船舶资料，如航海日志、机舱日志、油类记录簿、无线电台日志以及海图、文件，最后应当降下船舶悬挂的国旗；④船长应当最后一个离船。

荷兰"布朗休斯"号极地游轮的船长正在工作

→ 不同航行条件下如何操纵主机

主机是船舶主要的动力设备，是船舶的"心脏"。轮机部人员的主要职责就是维护"心脏"正常工作。如何在大风浪、浅水、窄航道和污底条件下航行，在起航、加速、转弯、倒航时又需要注意什么？具体内容如下。

1. 大风浪中航行

船舶航行时，船体在推进力和阻力平衡的条件下，保持稳定船速前行。其水上部分受空气阻力，而水下部分则受水的阻力。当风力不大时，空气阻力很小，船舶阻力主要是水的阻力。一般水阻力与船速的平方成正比。空气阻力的大小取决于风力、风向、船体上层建筑的受风面积和船速。船舶在风浪中为保持航向，舵经常需要偏转一定角度，从而使船舶阻力进一步增加。

因此，风浪增大后，船舶的各种阻力都明显增加，在推力不变的情况下，船速就会相应降低；船速的降低使螺旋桨的进程比减小；在油门不变的情况下，柴油机转速就会下降，产生的功率也有所降低；最后船舶将在降低后的推进力与船舶阻力（船速降低叫船舶空气阻力和水阻力都将大幅减小）新的平衡情况下，以较低的航速前进。

此时，不能因为主机转速降低，而使用增加油门来恢复原转速，那会使柴油机循环供油量增加而最高爆发压力增高，导致机械负荷增加，相反还应该减小油门。这是因为柴油机在低速运转下，如果仍保持油门不变，一方面由于废气涡轮的总能量减少，会使增压器转速下降而增压压力降低，气缸内供气不足，导致燃烧恶化和废气温度升高致使气缸过热；另一方面气缸最高爆发压力不变而运动部件的惯性力减小，导致轴承负荷增加，可能引发轴承故障，所以在大风浪中航行应适当降低柴油机的转速。

2. 浅水、窄航道和污底条件下航行

船舶在水中的阻力可分为摩擦阻力、形状阻力和兴波阻力。船舶在浅水中航行时，船体下面的水流受到海底的限制，被迫流过船体两侧而

在大浪中航行的船舶

使两侧水流速度增大，从而导致摩擦阻力和形状阻力增加。此外，船舶的结构发生变化，使兴波阻力增加。因此，在船舶由深水进入浅水时，主机转速和船速都会自动下降。如要保持原定船速而增加油门，主机就会超负荷。

在窄航道中航行时和在浅水时相同，船舶周围的水流受到的限制阻力增大。如果浅水和窄航道同时出现，船舶阻力增加的程度会更大，同时还要注意不能随意加车。

船舶污底是由于船体水下部分附着的海生物增多而造成的。污底会使船舶阻力增加，船速和主机转速也会随之下降，如此时要保持主机原来设定的转速而加大油门，就必然会使主机超负荷。

正在通过巴拿马运河的游轮

第 5 章

3. 起航和加速

从起航到船舶定速，该时间不可过短，应避免柴油机刚刚运行几分钟，就将操纵手柄转至全速，这样会引起柴油机超热负荷，缸套产生裂纹。对于不同的机型，该时间的长短不一。影响该时间长短的因素有两个：一是发动机运动部件的质量惯性；二是受热部件的热惯性。一般来说，质量惯性和热惯性都小，有利于加速，而后者更为重要，在这方面中速机优于低速机。对于现代的大型低速机而言，从起动至全功率的时间至少需要 30 分钟。

4. 转弯

船舶在转弯时，船体在斜水流中航行，船舶阻力增加，同样也不能用增大油门去保持主机原来的转速。在操纵船舶时也应尽可能避免突然的大舵角转弯，设有轴带发电机的船舶尤其需要注意。曾有船因为突然使用大舵角转向导致发电机跳电的事故发生。

正在转弯的游轮

5. 倒航

由于倒航时船舶阻力比正航时大，而且螺旋桨的效率也比较低，所以主机倒航时的转速要比正航时的转速低，一般倒航转速不超过额定转速的 70% ～ 80%。

如果船舶是从正航转为倒航，其船舶阻力更大。特别是在紧急制动的情况下，船舶仍在前进，主机倒车运转后，当达到标定转速的 40% 以上时，转矩就可能会达到额定值。若转速过高，主机和轴系会超负荷。此时操纵应根据紧急情况，控制主机转速，在保船不保机的情况下才能强制主机超负荷运转。

现代船舶如何收放船锚

船锚是船舶锚泊设备的主要部件。船锚的一端用铁链固定在船上，另一端呈倒钩的爪形，抛到水底或岸上，以稳定船体。现代船舶收放船锚主要依靠锚机完成。

锚机是抛锚、起锚和绞收缆绳的机械装置，设在船的首部。其链轮两侧的滚筒可作绞收缆绳之用。锚机按动力不同可分人力起锚机、电动锚机、电动液压锚机和蒸汽锚机。目前，海船的锚机以电动液压锚机和电动锚机为主。在早期建造的油轮上，为防火防爆，也有使用蒸汽锚机的。为了控制锚机的运转，动力锚机都设有主令控制器，可进行换向运转和多级变速控制。

人力起锚机适用于锚质量不超过 250 千克的船舶，应设有防止手柄打伤人的保护设施。

电动锚机的动力源是电动机，经过减速箱内的大小齿轮实现多级减速后驱动主轴转动。由于对减速比的要求高，所以减速机构较庞大，主要用于中小型船舶。

电动液压锚机也称液压锚机，由电动机带动液压泵，产生的油压驱动油马达，然后经过减速器（或无须减速器）使锚机运转。它结构紧凑，动力和传动部分体积小，操作平稳，变速性能好，但制造技术和维护保养成本较高，因此多为现代大中型船舶采用。

　　蒸汽锚机由蒸汽机带动，经过曲拐轴由齿轮带动滚筒轴运转。其特点是动力大，结构简单。使用蒸汽锚机时应预先暖缸，用毕要放尽汽缸中残余水汽。天冷时，为防冻要进行跑车（保持空转）。

　　各种锚机除了动力部分不同外，其功能是基本相同的，即都包括链轮、绞缆滚筒、离合器和刹车等。这些功能部件都布置在同一根由动力驱动的主轴上。主轴端部的绞缆滚筒（辅卷筒）一般随主轴一起转动，链轮则由独立离合器和刹车控制。离合器合拢时，链轮和主轴咬合在一起，可随主轴一起转动，从而可以绞进或送出锚链。离合器脱开时，链轮不随主轴一起转动，可进行抛锚或绞缆操作。刹车用于刹住锚链或控制松链速度。当刹车刹紧时，链轮被牢牢控制在锚机本体上，不能转动。船舶一般可设置一部双链轮锚机。对于大型船舶或有大型球鼻艏的船，因其左右锚链筒间距较大，故多设置左右分开的两部单链轮锚机（或称单侧式锚机）。

　　锚机按布置方式分为卧式锚机和立式锚机两种。现代运输船舶广泛采用卧式锚机，其主轴为水平布置。为了方便系、解缆作业和调整缆绳受力，现代船舶常采用锚—系泊组合机，它将锚机和系泊绞车组合为一体。除了主轴端部的辅卷筒外，在锚机主轴上还设有系缆绞车（主卷筒），与链轮一样，由主轴驱动，并由独立的离合器和刹车控制。将离合器合拢，可绞收或松放缆绳。缆绳绞紧后，将刹车刹紧，可保持缆绳的受力状态，而不用挽到带缆桩上。

　　立式锚机的链轮轴垂直于水平面，这样布置可减小锚机所占甲板面积，多见于军舰上。

　　此外，还有自动锚机和遥控锚机。前者在自动液压锚机系统中设有锚链长度传感器，在抛锚时当所需锚链全部抛出后，锚机会自动停止；在起锚时当锚将接近锚链筒时，能自动减速，当锚干进入锚链筒收妥后会自动停车。后者是一种可在驾驶室内遥控操作的锚机，其抛锚、起锚作业可在驾驶台进行遥控操作。

设在船艏的锚机

船锚入水时激起浪花

小艇的船锚

→ 如何正确操作船用缆绳

众所周知，船用缆绳是船舶正常营运不可或缺的组成部分，缆绳的质量出现问题虽然不至于威胁到航行安全，但对于船舶靠离码头、过狭窄水道时的安全来说至关重要。

船用缆绳按生产工艺，可分为三股、六股、八股、十二股等，一般货船常用的是八股。按制作材料，船用缆绳可分为丙纶长丝、涤纶复丝、高分子聚乙烯、夜光绳索、芳纶绳索、化纤网络、尼龙单丝复合绳索等，一般货船常用的是丙纶长丝或涤纶复丝缆绳。

正确使用缆绳除了可确保操作人员的安全外，还可延长缆绳使用寿命。缆绳在使用过程中需要注意以下问题。

（1）使用前，认真检查缆绳的完好程度，缆绳的某个部位如果出现过度磨损或者大量的断头，应及时更换缆绳。若来不及更换，使用过程中应尽量不要让这根缆绳承受太大的拉力，以防止突然断裂。

（2）船员必须熟悉自己将要操作的缆绳的种类、特性，从而有针对性地操作。例如，人造纤维缆绳在断裂前不会发出声音，也没有其他明显的征兆，如果船员操作的是这种缆绳，那么在缆绳受力时，一定要掌握好缆绳最大能承受的拉力，防止突然断裂。

（3）操作缆绳的船员必须穿戴安全帽、手套、安全鞋、工作服等，如果船员不注意自身防护，一旦出现意外，断裂的缆绳拥有很强的破坏力，会威胁到船员的生命安全。

（4）在操作绞缆车的时候注意手法。实践证明，缆绳断裂主要是因为连续的冲击负荷。因此，要求操作绞缆车的船员必须运作熟练，尽量减少缆绳的冲击负荷。

粗大的船用缆绳

（5）操作缆绳的船员必须熟悉操作过程中涉及的手势及手语，如：放、收、停、刹等。

（6）在缆绳作业区域，所有人员都不可站在绳环内，也不可站在缆绳的"反弹区"内。

依靠缆绳系泊在码头的客船

船舶遇险时如何施放救生艇

救生艇存放在船舶的两侧或船艉，并尽可能靠近起居处所和服务处所，便于船员和旅客的登乘。同时，在救生艇附近设有集合站，能容纳指定在该集合站的所有人员。在集合站以及通往集合站的通道、楼梯和出入口设有应急照明灯及指引标志。

救生艇施放一般由船舶的指定人员操作，具体过程如下。

（1）准备放艇。具体步骤为：①检查艇底塞是否插紧；②检查吊艇架销子是否抽出；③放下登乘梯；④松开固艇带（索）。

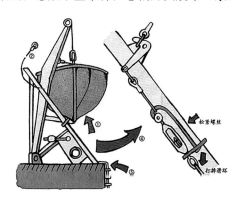

松紧螺丝

打转滑环

准备放艇

（2）将艇放至登艇甲板。具体步骤为：①操作吊艇架，将艇吊放至登艇甲板；②整理系艇索具。

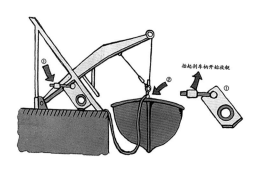

抬起刹车柄开始放艇

将艇放至登艇甲板

（3）放稳至登艇甲板，挽牢固艇滑车索具。

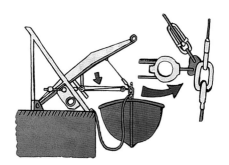

放稳至登艇甲板

（4）人员登艇。具体步骤为：①松掉止荡索；②人员开始登艇；③人员登艇后坐好，双手不要放在艇外。

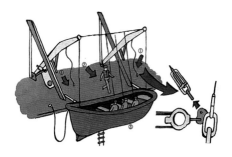

人员登艇

（5）将艇放至水面。具体步骤为：①松开固艇滑车索具；②将艇放至水面。

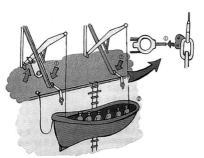

将艇放至水面

（6）驶离大船。具体步骤为：①松掉滑车索；②用艇钩撑开救生艇；③放艇人员登艇；④松掉紧艇索。

驶离大船

运输船舶如何装卸特种货物

由于特种货物通常具有超长、超重、超大的特点，对装卸和运输的要求随着时代的发展也越来越高，传统的作业和运输方式显然已不能满足要求。对这些特种货物，必须从吊具、绑扎、操作等方面进行精心的准备和策划。小型多功能船舶、汽艇、拖轮等货物，是特种货物中更加特殊的一类，由于其具有吊点难以掌握、货物自重较大、船体受力不均匀等特点，其装卸和运输方式更为复杂。

这类货物通常长度在 20 米以上，宽度超过 5 米，重量达到 100 吨以上。由于这些货物上面无法继续叠装其他货物，因此一般都会选择装在甲板面上。货主在订舱时，要将准确详细的货物尺寸、规格连同精确的图纸交给船东以供参考，尺寸中应包含吊点位置、重心位置、空船重量、重心高度、肋距以及每一根肋骨的位置等内容，如果实际尺寸发生变化，要及时通知船东。在货物装卸和海上运输之前，货主还要注意以下几点。

（1）在货物运输之前，最好将船体表面未与船体固定的部分摘除，如船上的天线、废弃油桶、垃圾储存桶等。

（2）要对艇内所有设备、设施、仪器进行整理和固定工作，防止因装卸或航行途中摇晃导致艇内设施移动，造成损坏。

（3）在装货之前，货主最好将每一根肋骨的实际位置标在艇身表面，以引起船东注意。由于大多数船、艇类货物都是通过水路靠近船边，并从水中吊起来的，因此在实际操作过程中常常将肋骨位置标在船舷以下、水线以上的部分。

（4）在装货之前，货主要尽量减少艇中油、水的重量，防止吊装过程中引起整个船体重心位置变化而产生危险。

（5）如果货主在艇身布置吊点，则一定要注意，吊点必须与肋骨连接在一起，否则在作业中会因艇身的船壳板无法承受力量而撕裂船体。

满载货物的集装箱船

半潜船如何运输超大型货物

半潜船是指专门从事运输大型海上石油钻井平台、大型舰船、潜艇、龙门吊、预制桥梁构件等超长、超重又无法分割吊运的超大型设备的特种海运船舶。

20世纪70年代后，随着世界经济的发展，国际传统杂货海运开始打破常规，由常见的小包装（100千克左右）件杂货向机械化工设备、大型车辆、大型工业结构件演变。进入20世纪90年代后，又陆续出现整体构件、大型工业模块（如海洋石油钻井平台）、潜艇、游艇、军舰等超大型货物，其重量、体积等都远远超出传统杂货的规格和技术规范。由此新建了大量半潜式运输船和用大型油轮改装的半潜船。

半潜船在工作时，会像潜艇一样，通过调整船身压载水量，能够平稳地将一个足球场大小的船身甲板潜入10～30米深的水下，只露出船楼建筑。然后等需要装运的货物（如游艇、潜艇、驳船、钻井平台等）拖曳到已经潜入水下的装货甲板上方时，启动大型空气压缩机或调载泵，将半潜船身压载水舱的压载水排出船体，使船身连同甲板上的承载货物一起浮出水面，然后绑扎固定，就可以跨海越洋将货物运至世界各地的客户手中了。

建造半潜船的技术比较复杂，只有极少数国家能掌握。随着深海资源开发力度的不断加大，大量的石油钻井平台和生活模块投入建造和使用，众多的工程船舶和施工机械需要在世界范围内频繁调遣，特别是超重、超大且不可分割的海上漂浮物件的调遣，使半潜船的需求不断加大。另外，海工装备越来越朝着大型化的方向发展，对半潜船自身的尺度和载重量提出了更高的要求。同时，考虑到市场的起伏，为满足未来海工市场需求，拥有多种功能模块的多功能半潜船也开始出现，这也成了半潜船一个潜在的发展方向。

🔊)) 小知识:

　　2000年10月12日,美国"科尔"号驱逐舰在也门亚丁港加油时遭遇恐怖分子袭击,船身中部被炸开了一个巨大的窟窿,失去了航行能力。由于当地修船的技术设施都未能达到要求,以及担心军舰在附近修理会再次遇到袭击或导致军事机密泄露等,美国不得不花费巨资租用荷兰道克怀斯航运公司新建的半潜船"蓝色马林鱼"号将"科尔"号驱逐舰运回美国本土修理。

空载状态的半潜船

"蓝色马林鱼"号半潜船为澳大利亚海军运送两栖攻击舰的舰体

第5章

破冰船如何破除坚冰

破冰船是指用于破除水面冰层，开辟航道，保障舰船进出冰封港口、锚地，或引导舰船在冰区航行的勤务船。由于世界上很多海域在冬季都会出现结冰的现象，所以很多国家都有破冰船，一些靠近北极的国家还拥有专门的北极破冰船，用于开辟北极航道。目前，设计和建造破冰船能力较强的国家有俄罗斯、芬兰、瑞典、德国、美国、挪威、丹麦、日本、加拿大等。

破冰船的主要特点是船体宽（纵向短，横向宽，以便开辟较宽的航道）、船壳厚、马力大，且船体各区域设有不同的压水舱，动力多采用对称的多轴、多螺旋桨配置。破冰船的船头外壳采用至少 5 厘米厚的钢板制成，里面用密集的型钢构件支撑，船身吃水线部位用抗撞击能力强的合金钢加固。

国际船舶界将破冰船分为三种技术级别：船舶主机功率约为 11 000千瓦的普通破冰船，船舶主机功率约为 18 500 千瓦的中级破冰船，船舶主机功率约为 55 000 千瓦的核动力破冰船。在大型化、大功率、续航久、多用途已成为现代破冰船发展趋势的背景下，核动力无疑是破冰船的最佳动力选择。

世界各国破冰船常用的破冰方法有两种：当冰层不超过 1.5 米厚时，多采用"连续式"破冰法，即依靠螺旋桨的力量和船头把冰层劈开撞碎，采用这种方式每小时能在冰海航行 9.2 千米；如果冰层较厚，则采用"冲撞式"破冰法——破冰船的船头部位吃水浅，会轻而易举地冲到冰面上去，船体就会把下面厚厚的冰层压为碎块，然后，破冰船倒退一段距离，再加速冲上前面的冰层，把船下的冰层压碎，如此反复，就可开辟出新的航道。

参加过 1932 年有名的"西伯利亚人"号极地航行的水手马尔科夫这样描写过破冰船的工作：在几百座冰山中间，在密实地覆盖着冰的地方，"西伯利亚人"号开始了战斗。连续 52 个小时，信号机上的指针老是在从"全速度后退"跳到"全速度前进"。在 13 班每班 4 个小时的海上工作时间里，"西伯利亚人"号疾驰着向冰块冲去，用船艏撞它们，爬到冰上把它们压碎，然后又退了回来。就这样，厚达 0.75 米的冰块慢慢地让出了一条路。每撞一次，船身就可以向前推进一段距离。

美国海岸警卫队装备的破冰船

俄罗斯核动力破冰船在南极海域作业

➤ 挖泥船有哪些施工方式

挖泥船的任务是进行水下土石方的施工，具体包括：挖深、加宽和清理现有的航道和港口；开挖新的航道、港口和运河；疏浚码头、船坞、船闸及其他水工建筑物的基槽，以及将挖出的泥沙抛入深海或吹填于陆上洼地造田等。

按施工特点，挖泥船可分为耙吸式、链斗式、铰吸式、铲斗式、抓斗式和斗轮式等。

耙吸式挖泥船通过置于船体两舷或尾部的耙头吸入泥浆，以边吸泥、边航行的方式工作。耙吸式挖泥船机动灵活，效率高，抗风浪能力强，适合在沿海港口、宽阔的江面和船舶锚地作业。

链斗式挖泥船是利用一连串带有挖斗的斗链，通过导轮的带动，在斗桥上连续转动，使泥斗在水下挖泥并提升至水面以上，同进收放通过船体四周抛投的锚缆，使船体前移或左右摆动来进行挖泥作业。挖取的泥土，提升至斗塔顶部，倒入泥阱，经溜泥槽卸入停靠在挖泥船旁的泥驳，然后用拖轮将泥驳拖至卸泥地区卸掉。链斗式挖泥船对土质的适应能力较强，可挖除常见的各种泥土。

链斗式挖泥船模型

铰吸式挖泥船是在疏滩工程中运用较为广泛的一种船舶，它是利用吸水管前端围绕吸水管装设旋转铰刀装置，对河底泥沙进行切割和搅动，再经吸泥管将铰起的泥沙物料借助强大的泵力输送到泥沙物料堆积场，它的挖泥、运泥、卸泥等工作过程，可以一次性连续完成，是一种效率高、成本低的挖泥船。

铲斗式挖泥船是单斗挖泥船的一种，它可以集中全部力量在一个铲斗上，进行特硬挖掘。它利用吊杆及斗柄将铲斗伸入水中，插入河底、海底进行挖掘，然后由绞车牵引将铲斗连同斗柄、吊杆一起提升，吊出水面至适当高度，再由旋回装置转至卸泥或泥驳上，拉开斗底将泥卸掉。然后返回至挖泥地点继续工作，如此循环作业。

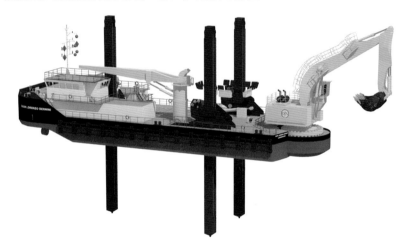

铲斗式挖泥船模型

抓斗式挖泥船是利用旋转式挖泥机的吊杆及钢索来悬挂泥斗。在抓斗本身重量的作用下，放入河底海底抓取泥土。然后开动斗索绞车，吊斗索即通过吊杆顶端的滑轮，将抓斗关闭、升起，再转动挖泥机到预定点（或泥驳）将泥卸掉。然后转回挖掘地点，继续挖泥，如此循环作业。

斗轮式挖泥船除了挖掘设备不同，其余与铰吸式挖泥船大同小异。斗轮式挖泥船的转动轴与支臂会形成一定的角度，而铰吸式挖泥船绞刀头转动轴则平行于支臂。

拖网渔船如何进行捕捞作业

拖网渔船是指利用拖网进行捕捞的渔船的统称。拖网捕鱼是一种效果好、适用范围广的捕鱼方法。按作业方式，拖网渔船可分为用单船拖曳的单拖渔船和用双船拖曳的双拖渔船。

单拖渔船主要靠网板、浮子、沉子张开网具，放出曳纲（拖曳网具的绳索，长度为水深的 3～4 倍）。单拖渔船又可分为在舷侧操作的舷拖网渔船和在船艉操作的尾拖网渔船。舷拖网渔船因船侧起网作业不太安全，已较少使用。尾拖网渔船的两个张网扳架设于近艉部两侧，鱼舱和作业甲板设在中后方，上层建筑设在中前方。

双拖渔船作业时由两船平行合拖一张网，两船之间的距离为 40～600 米，放出曳纲的长度为 4～5 倍水深，靠两船之间的曳纲拉力、浮子升力和沉子重力以使网具张开。

拖网渔船采用的网具通常是一张圆锥形的大网，在其口端由巨型金属板（门板）固定来控制网口大小。在水中，随着船体的拖曳，会将一路上的所有东西卷入其中。拖网渔船采用的网具可分为底层拖网和中层拖网。底层拖网在海底被拖曳，那里地势平坦，鱼群密集，有利于捕鱼。中层拖网也称变水拖网，是指拖网曳行时，网具不在海底而处于海水中层。

拖网渔船的鱼舱一般设隔热层，渔获物大多加冰保鲜，作业甲板上配有绞网机、卷网机、动力滑车、起网吊杆和导向滑轮等捕捞设备。其不拖网时航速较高，拖网时航速低，拖力要大，故常用可调螺距螺旋桨，或导管推进器。拖网渔船干舷低，抗风力强，在拖网前进时要求能够保持良好的直线稳定性，所以艉部吃水大于艏部吃水。拖网渔船上的拖网，是利用甲板上的绞车来收网的。保持网具的水层位置则主要通过调节曳纲长度、拖速来进行。拖网渔船捕捞到的鱼通常储藏在船上的冷库中，大型的远洋拖网渔船还有鱼品加工设备，可加工冷冻鱼段、鱼片和鱼粉等。

拖网捕鱼主要用于大规模捕捞，如阿拉斯加狭鳕及大多数鲆鲽鱼类，其最大的缺点是拖曳过程中可能会对海洋底层生态造成影响。

第 5 章

作业中的拖网渔船

围网渔船如何捕捞中上层鱼类

围网渔船是利用围网捕鱼法来捕捞鱼类的船舶。围网是开发中上层鱼类资源的主要渔具之一，世界围网渔业的年渔获量占海洋捕捞总渔获量的 20% ～ 30%，在海洋渔业中占有重要地位。

围网渔船大都是平底方尾的木船，航速较快，机动灵活，横向稳定性好。其船长较短，吃水较小，干舷较低，具备良好的操纵性。发现鱼群后，需要迅速放网、回转围网，故要求有较小的回转半径和良好的回转性。随着网具向大型化发展，需要较高的主桅及吊杆，加之起网时人员又都聚集在一舷，所以对渔船的稳定性有较高的要求。围网渔船放网和追赶鱼群时需要保持较高的航速，所以需要具备较高的主机功率。

围网捕捞的对象主要是中上层集群性鱼类，如鲐鱼、竹荚鱼、沙丁鱼和鲣鱼等。围网渔船作业时有双船围网、单船围网两种。双船作业时，两艘渔船分别带住网具的一端，相背绕鱼群航行一周；单船作业时，先放下与网具一端相连的舢板，然后带住网具的另一端航行一周，至舢板处停止。此时，网具在水中垂直展开，鱼群被包围。渔船将网具的底索收紧，使网具成为一个大口袋，鱼群则被收入网具中。最后，渔船利用水压动力滑轮将网具拉回船上。

作业中的围网渔船

深水铺管船如何进行铺管作业

　　深水铺管船是深水油气田开发建设的主要施工装备，它担负着浮式生产平台的安装、海底管线的铺设以及立管系统安装任务。随着世界海洋石油的大面积开发以及不断向深水发展，对深水起重铺管船的需求量越来越大，性能要求也越来越高。同时随着世界海洋石油不断向深水发展，对深水起重铺管船的性能要求也越来越高。世界海洋石油工业的高速发展推动了深水起重铺管船的快速发展，也带动了起重铺管船装备的快速发展。

　　对于铺管作业而言，水深是最大的影响因素，根据水深不同，铺管作业方式也有所区别。在浅水区域，可以用绞车直接将海管拉上陆地。而深水铺管方法主要有 S 形铺管法、J 形铺管法、卷筒铺管法以及垂直铺管法。其中，S 形铺管法是浅水铺管法的延伸，J 形铺管法和卷筒铺管法则是专为深水开发的两种新的铺管方法，而垂直铺管法主要用于柔性管和脐带缆的铺设。

1. S形铺管法

在进行S形铺管时，管线在甲板或船舱内完成焊接和焊缝的防腐保温层/混凝土重力层施工，然后通过悬挂在船体外的托管架入水。托管架上的管线被称为上弓段，托管架末端至海底的管线被称为悬垂段。上弓段的曲线形状是受托管架的形状控制的，所以是位移控制的。而悬垂段的曲线形状是受张力和弯矩控制的，所以是荷载控制的。上弓段和悬垂段的应变（应力）是S形铺管法的关键控制参数。因此，S形铺管船的托管架和张紧器决定了所铺管道的直径和铺管深度。

由于上弓段的张力远远大于悬垂段，因此，上弓段的应变是S形铺管法控制的关键，它取决于托管架形状和控制悬垂段应变所需的张力。在进行深水铺管时，上弓段的应变通常大于弹性应变，会产生一定的塑性应变，因此现行规范要求将累计塑性应变控制在0.3%以下。

2. J形铺管法

J形铺管法是为解决S形铺管法的上弓段大这一应变问题而发展起来的一种深水铺管法，它将管线的接长作业由S形铺管法的水平位置调整为竖直位置，在竖直的J-lay塔上完成管线连接后直接入水。通过调整J-lay塔的倾角，使管线的连接作业姿态与入水姿态相同，从而消除了S形铺管法的上弓段。由于受到J-lay塔高度的限制，在进行J形铺管时，管线在甲板上接长至J-lay塔可以容纳的长度，然后吊至J-lay塔完成与已铺设段的连接，因此，J形铺管法的铺管速度较慢。

采用J形铺管法的铺管船

3. 卷筒铺管法

卷筒铺管法是在陆地上一次完成管线接长并缠绕到卷筒上，然后在海上展开、拉直后再连续铺入海底。根据卷筒在铺管船上的放置方式，卷筒铺管法可分为垂直法和水平法。垂直法的卷筒立式放置，水平法的卷筒卧式放置。由于没有管线接长作业，铺管船不需要锚泊，因此卷筒铺管法的铺管速度较快。同时，陆地的管线接长作业也大大提高了焊接质量。不过由于管线的缠绕和拉直引起塑性变形，卷筒铺管法对管线的损伤较大，必须经过大量的计算来确保管线的塑性应变和椭圆变形满足规范要求。卷筒铺管法的铺管长度和直径均受到卷筒尺寸的限制，铺管长度是卷筒的可缠绕管线长度，直径则必须满足弯曲应变和椭圆变形要求。

采用垂直卷筒铺管法的铺管船

4. 其他方法

上述三种铺管方法主要用于刚性管的铺设，其中垂直卷筒铺管法也可用于柔性管铺设。对于柔性管和脐带缆的铺设，还有水平卷筒铺管法和垂直铺管法两种方法，其中水平卷筒铺管法也可用于刚性管铺设。水平卷筒铺管法、垂直铺管法与垂直卷筒铺管法相似，即管线展开后会经过一个矫直机构入水。水平卷筒铺管法的入水方式与 S 形铺管法相似，管线矫直后经托管架入水。垂直铺管法的入水方式与垂直卷筒铺管法相似，但矫直机构是垂直的，且管线是通过铺管船中部的月池入水的。

现代船舶如何输送各种液体

与在陆地上一样，现代船舶上输送各种液体也是通过泵来完成的。符合船舶规范规定和船用技术条件要求的各种供船舶使用的泵被称为船用泵。在船上它们经常被用来输送海水、淡水、污水、滑油和燃油等各种液体。输送这些液体至位置较高、距离较远、压力较高处一般必须用泵，泵还能产生高压液体供液压传动使用。船用泵一般通过电动机或其他原动机驱动。

船用泵的特点是：要求泵在舰船摇摆和倾斜时，不可因吸入液面的波动而发生气蚀；为减少泵的占用面积和便于维修，一般采用立式结构；通流部件采用青铜、黄铜或不锈钢等材料制成，以尽可能地减少腐蚀。

船用泵在现代船舶上有着十分广泛的应用，一般来说，一艘柴油机动力的货船，需要 36～50 台各种类型的泵，其数量占船舶机械设备总量的 20%～30%。

根据船用泵的用途，可分为以下三类。

（1）船舶动力装置用泵。有燃油泵、润滑油泵、海水泵、淡水泵、舵机，以及其他甲板机械的液压泵、锅炉装置的给水泵、制冷装置的冷却水泵、海水淡化装置的海水泵和凝水泵等。

（2）船舶通用泵。既有舱底水泵、压载水泵、消防泵、日用淡水泵、日用海水泵、热水循环泵；还有兼作压载、消防、舱底水泵用的通用泵。

（3）特殊船舶专用泵。某些特殊用途的船舶，还设有为其特殊营运要求而设置的专用泵，如油船的货油泵、挖泥船的泥浆泵、打捞船上的打捞泵、喷水推进船上的喷水推进泵、无网渔船上的捕鱼泵等。

根据船用泵的工作原理，可分为以下三类。

（1）容积式泵。这种泵是靠工作部件的运动造成工作容积周期性地增减变化而吸排液体，当工作容积增大而压力降低时吸入液体，当工作容积减小而压力升高时排出液体，并靠挤压而直接使液体的压力能增加。根据运动部件的运动方式不同，它又可分为往复泵和回转泵两类。前者有活塞泵和柱塞泵；后者有齿轮泵、螺杆泵、叶片泵等。

（2）叶轮式泵。这种泵是靠叶轮带动液体做高速回转运动，连续地产生吸排作用，把机械能传递给所输送的液体，使液体的压力能增加，并达到输送液体的目的。根据泵的叶轮和流道结构特点的不同，又可分为离心泵和旋涡泵。

（3）喷射式泵。这种泵是靠具有一定压力的工作流体在喷嘴中产生高速射流引射流体，然后再通过动量交换而使被引射流体的能量增加。根据所用工作流体的不同，又可分为水喷射泵、蒸汽喷射泵和空气喷射泵等。

船用泵除按工作原理的不同进行分类外，还可以按泵轴位置分为立式泵和卧式泵；按吸口数目分为单吸泵和双吸泵；按驱动泵的原动机分为电动泵、蒸汽泵和柴油机泵。一般船上都是根据泵的功能为泵命名的，如主机海水冷却泵、主机滑油泵等。

船用舱底水泵剖面

船用离心泵

远洋船舶如何制造淡水

船舶在营运过程中，每天都要消耗一定数量的淡水，以满足动力装置运转和船员生活用水的需求。船舶所需的淡水，固然可以从出发港用水舱携带，但这样做必然要占据一定的舱容，影响吨位，而且一旦航情发生变化，事先携带的淡水在数量和质量上都很难满足需求，特别是航线较长的远洋船舶、作业时间较长的特种船舶。此时储水的灵活性就显得十分必要，利用船舶自身的能力就可以随时获得新鲜、合格、充足的淡水，带来性能和经济方面的双重效益，所以现代远洋船舶都装设海水淡化装置，也称造水机。利用海水制造淡水的方法有很多，如蒸馏法、反渗透法等，由于反渗透造水机具有操作简单、安装方便、造价低等优势，如今已经被大多数船舶安装使用。

船用造水机由预处理系统、反渗透系统、电器控制系统、清洗系统、加药系统组成。其中，预处理系统包括供水泵、多介质过滤器、精密过滤器、保安过滤器，主要用于处理原水中所含的大颗粒杂质、余氯及细小微粒，保证反渗透系统的进水水质。反渗透系统包括高压泵、反渗透膜组件、调压阀、清洗箱，主要用于将预处理过的原水进一步处理成淡水。

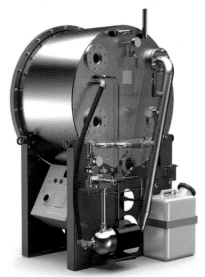

船用造水机

船用造水机的海水淡化流程为：海水由供水泵抽水进入预处理系统，经过化学加药系统投加杀菌剂和絮凝剂后，进入石英砂和活性炭过滤系统过滤。海水经预处理系统后进入高压泵，在高压泵作用下，流经高脱盐率卷式膜，通过控制调压阀增加压力，使海水中的部分纯水透过膜进入多孔收集管，然后经由软管流出设备，而盐分则被阻挡在膜表面随大部分海水排出设备。滤后水经过水质还原、酸碱值调整以及阻垢剂添加后进入 5 微米的保安过滤器，过滤后的低压海水一路进入高压泵加压，另一路进入压力交换式能量回收装置，升压后的海水经过增压泵加压后与高压泵出水混合进入反渗透膜堆系统。高压海水在膜堆的处理下一部分透过膜形成淡水，经过水质调整后进入淡水水箱储存，其余的高压浓缩水进入压力交换能量回收装置回收能量后排放。

现代船舶如何清洁废气

现代船舶大多装有废气清洁系统，也称废气清洗系统、废气脱硫系统、废气净化系统。该系统分为干式及湿式两种：湿式废气清洁系统是采用海水、带有化学添加剂的淡水清洗硫氧化物及颗粒物质；干式废气清洁系统是采用颗粒状的熟石灰吸附硫氧化物及颗粒物质。两种方式都有很好的除硫效果，都能达到 90% 以上的净化效率，但各有利弊。

干式废气清洁系统主要由吸收器、储存柜、颗粒供应装置、颗粒处理装置、控制系统等组成，其主要工作流程是：新鲜的颗粒状熟石灰供应到吸收器上部的储存柜中，清洗废气中的硫氧化物及颗粒物质后，再经管路输送到颗粒处理装置中进行处理，最后输送到外部。

湿式废气清洁系统主要由废气清洗器、清洗水处理装置、悬浮物分离器、污泥处理装置、供排海水系统、电气控制系统等组成，其主要工作流程是：清洗水经泵输送到清洗器中洗涤含二氧化硫的发动机废气，净化后的废气经烟囱排放，清洗废气后的酸性海水则会进入清洗水处理装置进行中和，使其排放后对海洋生态环境友好。

邮轮烟囱排出的黑烟

货船航行时排出废气

→ 如何利用"威廉姆森回旋"搜救落水人员

"威廉姆森回旋"是国际海事组织《商船搜寻救助手册》推荐的一种针对落水人员的施救方法。运用这个动作可以令船舶迅速回到原点,接近落水人员。它是以1943年使用这种方法的美国人约翰·威廉姆森的名字命名的。

"威廉姆森回旋"的操纵方法为:在海上全速航行的船舶得知有人落水后,用满舵使船舶向人员落水的一舷转动,当航向离开原航向60°时再用反方向满舵,

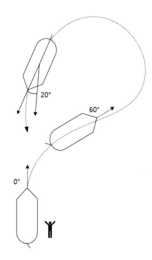

"威廉姆森回旋"轨迹图

当船艏与原航向的相反航向差 20°时正舵,使船舶驶到相反航向上。当接近目标地点时,必须将船舶的搜寻速度减至能快速停船的程度。如果发现落水人员,让船舶保持逆风航行,在适当时刻停船并救起落水人员。

"威廉姆森回旋"会令船舶转向 180°。如果附近有其他船舶,必须协调指挥,避免发生碰撞。

滚装船存在哪些安全隐患

滚装船能同时提供货物和乘客携带能力,航程通常较短,更加灵活,能频繁出入港口,而且航速和船舶功能上也能与其他运输模式很好地实现结合和互补,是比较受欢迎的货船类型。不过,滚装船也存在不少安全隐患,需要海员时刻留意。

(1)由于设计原因,滚装船的货物基本装载在上甲板,即使货物有轻微移动,也可能对船舶运行稳定性造成威胁。

(2)在仅装载货物的滚装船上,货物通道通常靠近船舶吃水线,因此容易出现货物通道被水淹没的情况,船舱内进水的可能性很高,从而导致滚装船倾覆。

(3)滚装船的货物通道有斜坡,虽然有利于装运货物,但船舶会更容易受到损坏,尤其是货舱门被打开或是损坏的情况下,船舱进水的可能性就会更大。

(4)滚装船内部缺少横向舱壁,水密性较低。如果船舶发生火灾,缺乏舱壁的阻隔,也会导致火势蔓延更快。

(5)一旦船舶发生事故,船上人员接到指令弃船求生时,需要尽快乘坐救生筏和救生艇离开船舶。然而,滚装船的救生艇和救生筏往往放置位置较高,这使得其在危急时刻较难快速降下救生设备并组织人员逃生。

(6)对于一些松散装载的货物(如拖车、汽车等),货物必须保持集中堆放,否则货物的任何位移行为,都可能引起船舶倾覆的连锁反应,导致船舶被淹没。

（7）滚装船可能会在多个码头装卸货物，但很少一次性连续装载货物，这会进一步导致货物在船上的分配不均，很难让船舶整体承载均衡。

（8）滚装船往往设有多层乘客区，这给船舶稳定运行带来了不利影响。在这种情况下，一旦外在环境出现突发状况，如海水冲击船体，大风等恶劣天气的影响，都将使滚装船运行的稳定性受到威胁。

停在码头装卸货物的滚装船

航行中的滚装船

平行的两艘船为何会相撞

"泰坦尼克"号堪称有史以来最著名的一艘大西洋游轮。在举世瞩目的处女航中,这艘巨轮在大西洋上与冰川相撞后迅速沉没,上千名乘客在这起空前惨烈的悲剧中身亡。讽刺的是,它的姊妹舰——"奥林匹克"号则有着截然不同的一生:在服役的20多年间,"奥林匹克"号不但屡屡搭救落难船只,而且还撞击过多艘商船和军舰,甚至撞沉过敌军潜艇。

1912年秋天,"奥林匹克"号正在大海上航行,在距离它100米远的地方,有一艘比它小得多的铁甲巡洋舰"霍克"号正在向前疾驶。两艘船似乎在比赛,彼此靠得较近,平行着驶向前方。然而,这时却发生了一件令人震惊的事情:"霍克"号就如同被大船吸了过去一样,一点也不服从舵手的操纵,竟不管不顾地冲着"奥林匹克"号一头撞去。两艘船上的人们全都惊呆了,但是谁也无法阻止它们的碰撞。最后,"霍克"号的船头撞在了"奥林匹克"号的船舷上,把"奥林匹克"号的船体撞出了一个大洞。

为什么平行前进的两艘船会相撞呢?其实,这次意外事故是流体的性质所造成的。根据伯努利原理可以知道:液体的压强与它的流速有着密切的关系,流速越大,压强就越小。明白这个道理,就不难找到"奥林匹克"号出事的原因了——两艘船平行着向前航行,在两艘船中间的水比外侧的水流得要快一些,所以水对两船内侧的压强要比对外侧部分的小。因此,在外侧水的压力下,两艘船就不由自主地互相靠近,最终导致"霍克"号撞到"奥林匹克"号的船舷上。

这种事故在以前并不少见,不过在大型轮船问世以前,这种现象还不算特别严重。后来大型轮船越来越多,为了避免发生意外,各国船员都非常重视这种现象。

"奥林匹克"号游轮下水

"奥林匹克"号（左）和"泰坦尼克"号（右）

船体在海水中会遭受哪些腐蚀

船舶长期处于海洋环境中，腐蚀极为严重，而腐蚀速度与海水的流动速度、气泡、温度、冲击性以及海水所含微生物等因素都有着极为密切的关系。船体在海水中的腐蚀主要有电化学腐蚀、机械作用腐蚀、生物腐蚀和化学腐蚀几种。

1. 电化学腐蚀

电化学腐蚀是船体在海水中遭受的主要腐蚀类型，即在腐蚀过程中有微电流产生。发生在船体钢结构上的电化学腐蚀主要有以下几种。

（1）氧的浓差电池作用。由于氧获得电子的能力较强，且水面的氧较水下的氧多，故近水面部分的金属得到电子成为阴极，而水中部分的金属失去电子成为阳极而发生腐蚀。腐蚀发生后，缝隙或缺口处的氧多，而底部氧少，从而底部继续腐蚀，最后形成锈坑或锈穿。

（2）两种不同金属或钢种的腐蚀。在海水中，两种不同成分的金属接触时，电势较低的金属成为阳极发生腐蚀，如铆钉和焊缝处容易锈蚀，原因就在于此。

（3）氧化皮引起的腐蚀。由于氧化皮的电极电位比钢铁的高 0.26V，所以成为阴极，而钢铁本身成为阳极发生腐蚀。

（4）涂膜下的腐蚀。由于涂膜表面有微孔存在，所以海水仍可缓慢穿过涂膜产生电化学腐蚀。此时，含涂膜的部分成为阴极，不含涂膜的部分成为阳极而发生腐蚀，生成氧化亚铁和氢气，并进一步生成四氧化三铁和三氧化二铁，由于四氧化三铁和三氧化二铁的体积比铁大得多，所以导致涂膜鼓起。在涂膜未损坏或失效时，这个过程是缓慢的。

涂漆前未除尽的氧化皮、锈蚀物、污物、水分、盐类等，在涂膜下加速进程，破坏涂膜。涂装时漏涂等施工缺陷也会加速腐蚀进程，从而过早破坏涂膜。涂膜损坏后，将产生前述各种腐蚀，这种腐蚀速度比未涂漆时更快。

（5）杂散电流引起的腐蚀。由于供电或电焊时，一些操作人员违反操作规程，从而产生漏电现象，使船体变成一个巨大的阳极，形成大规模的腐蚀。

2. 机械作用腐蚀

机械作用腐蚀包括腐蚀作用和机械磨损，二者相互加速。其中包括：冲击腐蚀，这是由液体湍流或冲击所造成的；空泡腐蚀，即高速流动的液体，因不规则流动产生空泡，形成"水锤作用"，常常破坏金属表面的保护膜，加速腐蚀作用，如螺旋桨、泵轴等处易发生；微振磨损腐蚀，即两个紧接着的表面相互振动而引起的磨损；应力腐蚀开裂，即在拉伸应力和腐蚀介质作用下的金属腐蚀破坏，金属内会产生沿晶或穿晶的裂纹。

3. 生物腐蚀

生物腐蚀是由海洋生物的船底附着引起的，这种腐蚀包括化学腐蚀和电化学腐蚀两种。由于海洋生物在船底的附着，破坏了漆膜，造成钢板局部电化学腐蚀；由于微生物的新陈代谢作用，分泌出具有侵蚀性的产物导致钢板被腐蚀等。

4. 化学腐蚀

化学腐蚀的特点是：腐蚀反应产物是直接地参与反应的金属，在表面区域生成，无电流产生。一般分为气体腐蚀和在非电解质溶液中的腐蚀两大类。例如，钢铁在高温蒸汽中会产生氧化皮，或在有机液体中浸泡产生的腐蚀等。

船艏严重锈蚀的船舶

因腐蚀而千疮百孔的废弃船舶

船舶火灾的发生机理是什么

船舶上经常发生火灾的区域主要分为四类：机械舱室、供给舱室、居住舱室和甲板储藏舱室。这四个区域发生的火灾具有不同的特点。

1. 机械舱室

机械舱室主要包括机舱、齿轮箱舱、辅机舱、修理舱和其他有设备的舱室。这些舱室所发生的火灾在船舶火灾中所占的比例最大，主要原因是高温热源与易燃液体的距离较近。主要的热源有过热的设备、设备电线，以及修理设备时所使用的高温切割和焊接。易燃液体主要包括引擎用油、润滑油、油气、高压燃油和清洁溶剂。引起火灾主要是由于设备损坏、储藏容器破损或者突发的溢出导致易燃液体与高温热源接触。

2. 供给舱室

供给舱室主要包括食堂、洗衣房和厨房等其他具有相同特征的区域，在这些舱室中拥有大量的固体燃料和小部分液体燃料，除了厨房之外，其他区域的热源主要是电器设备和发烟的随身用品，厨房中主要是烹调时所使用的热源。燃料主要是家具和衣服。

3. 居住舱室

居住舱室中数量最多的可燃物是床上用品，还包括一些衣物等其他可燃的杂物，高温热源主要是没有熄灭的香烟和过热的电器设备。这些区域发生火灾的另外一个重要原因是火灾初期，一些物品受热散发出一些易燃的气体或产生某种物质，导致火灾迅速扩大。

4. 甲板储藏舱室

甲板储藏舱室的燃料源主要是油漆和清洁剂。当进行油漆作业或者清洁时，这些易燃液体碰到烟气或者过热的电器设备时就会被点燃。另外一个潜在的火灾隐患是当飞机进行加油时，燃油溅出可能会导致火灾。

在供给舱室和居住舱室所发生的火灾与陆地建筑中所发生的常规火灾特点基本相同，在机械舱室和甲板储藏舱室所发生的火现象主要有两种：油池火和喷射火。这两种火现象既是船舶火灾所特有的，也是船舶火灾中经常发生且最具危险性的。

喷射火主要是由于燃油从破裂的高压管道中喷射出来，并被高温热源点燃而发生。油池火主要是燃料从油管或者设备中泄漏出来溢流到甲板上，达到一定面积后被高温热源点燃。因为在机械舱室中各种润滑油和具有一定压力的燃料输送管道很多，当这些管道破损燃油喷出后，如果立刻碰到热源就会被点燃形成喷射火，如果没有立刻碰到高温热源就会溢流到甲板上，待具有一定面积后被高温热源点燃形成油池火，还有可能同时发生油池火和喷射火。在甲板储藏舱室中由于没有高压油管，所以发生油池火的危险性比较大。

发生火灾的集装箱船

发生火灾的油船

船舶如何预防台风灾害

台风主要发生在低纬度大洋上的一些特定区域，同时带来的往往还有狂风暴雨、巨浪和暴潮，严重影响船舶航行安全。随着信息技术、卫星科技、气象水文观测和预报技术的迅速提高，人类对于台风的信息把握也越来越精准，这对航运业来说是一个巨大的福音，很多身处一线的船员也能从各个渠道获取更多精准的台风信息，在台风来临前做到未雨绸缪。

（1）抛锚抗台应选择四周有遮蔽的港湾区域。对于大多数船舶而言，抗台中怕涌不怕风。船舶于锚泊中抗台，锚的抓力、卧底锚链的重力和摩擦力再加上主机的推进力，足以抵御持续增加的风力作用，但往往台风来临时伴随着巨大的浪涌，浪涌导致船舶上下颠簸，左右摇晃，极易使锚链松散，抓底不牢，进而走锚。如果船舶吃水不足，还容易导致螺旋桨打空。因此选择四周有遮蔽的避风锚地，可以完美地避开浪涌对船舶的影响。

（2）不要轻易在开敞水域抵抗台风。除非已经处于威胁到船舶安全和海洋环境的危险境地，否则不建议船舶在开阔水域抛锚抗台。在海图上有关开阔水域的底质和水深的信息不够详细，周围没有任何遮蔽，船舶受风、浪、流影响严重，往往是风刚起来就造成走锚甚至是丢锚和断链现象。即使船舶抗台成功，在起锚时，也会由于锚位有可能滑向更深的水域而导致锚起不来，台风过后的残涌会使船舶上下震荡，在起锚时锚机绞盘反转，造成锚机损坏。

（3）抛锚避台应远离沿海养殖区、平台警戒区。在进入锚地选择抛锚抗台时，应尽可能选择在白天进入锚地，认真观察周围水域的养殖情况和特殊警戒区域。在很多国家的沿海，海水养殖区的实际位置和海图标注有出入。另外在进入前，与港口交管中心报告及申请锚地也是必不可少的环节。

（4）及时采取一点双锚抗台。航海实践证明，无论哪种船型，锚泊抗台时采取抛"一点锚"的方式最为有效。两锚链同时吃力且受力均匀，船舶产生偏荡比较小，不容易发生走锚，即使船舶调头，也是两根锚链一起旋转，不易发生锚链绞缠现象。在抛锚时机的把握上，船长应在台风来临前毫不犹豫地下双锚，而不是等风起来了再考虑下锚。如果船舶配各艏侧推器，在抛双锚时依靠艏侧推器来控制船舶偏转，这样更有利于双锚平行下底。

（5）空载压水抗台。如前所述，即使船舶下双锚抗台，但在空载状态下，船体及上层建筑受风面积大，也容易造成走锚。因此船舶空载时，应将所有的压载舱以及风暴舱都压满水，做好一切应对措施。

（6）开船避离台风。当船舶周围没有合适的锚地或者船舶自身条件不适合锚地抗台避风，船长应向公司和租家申请开船绕航避离台风，在开阔水域用漂航或滞航的方法避台。船舶由此产生的油耗成本与一旦发生抗台失败而产生的事故损失相比要少得多。

因台风而搁浅的船舶

在港湾中躲避台风的船舶

在海上航行的船舶如何躲避台风

在海上航行的船舶遭遇台风时，为了避免被卷入台风中心或中心外围暴风区，一般采取避航方法。船舶可根据台风的动态和强度不失时机地改变航向和航速，使船位与台风中心保持一定的距离，处于本船所能抗御的风力等级的大风范围以外。

台风右半圆的风向和台风的移动路线接近一致，右半圆风速比左半圆大；而且绝大多数台风都是向右转向，容易把处在右半圆的船舶卷入台风中心。因此在航海上把台风的右半圆称为"危险半圆"，把左半圆称为"可航半圆"。

船舶在海上遇到台风时，应根据台风的情况和动态预报以及现场观测的风力、风向和气压的变化情况来判断本身所在位置，以便采取适当的航行方法，尽快远离台风中心。

判断船位的方法和应采取的航行措施如下。

（1）风向顺时针变化，气压不断下降，风力逐渐增大，此时船位处在台风的危险半圆的前半部，即危险象限，应以船艏右舷顶风全速航行。

（2）风向逆时针变化，气压不断下降，风力逐渐增大，此时船位处在台风的可航半圆的前半部，应以右舷船艉受风全速航行。

（3）风向不变，气压不断下降，风力逐渐增大，此时船位处在台风的进路上，应以右舷船艉受风全速航行。

在风浪中颠簸的货船

第6章
性 能 篇

航行性能是船舶的核心性能，包括浮力、稳性、抗沉性、快速性、摇摆性和操作性等。此外，静音性、居住舒适性、载重量、续航力等也是船舶的重要性能。本章主要就船舶性能的相关问题进行解答。

→ 概　述

各种船舶从事运输生产或执行特定任务时，经常航行于惊涛骇浪的海洋中或急流险滩的江河里，它们之所以能顺利地完成预定的任务，在于船舶本身就具有一些特定的性能，即船舶航海性能或航行性能。这些航行性能包括浮力、稳性、抗沉性、快速性、摇摆性和操作性。

1. 浮性

船舶在一定装载情况下的漂浮能力叫作船舶浮性。船舶是浮体，决定船舶沉浮的力主要是重力和浮力。其漂浮条件是：重力和浮力大小相等、方向相反，而且两力应作用在同一铅垂线上。

船舶的平衡漂浮状态，简称船舶浮态。船舶浮态可分为四种。①正浮状态，指船舶艏、艉、舯的左右吃水都相等的情况。②纵倾状态，指左右吃水相等而艏艉吃水不等的情况。船艏吃水大于船艉吃水叫艏倾，船艉吃水大于船艏吃水叫艉倾。为保持螺旋桨一定的水深，提高螺旋桨效率，一般未满载的船舶都应有一定的艉倾。③横倾状态，指船艏艉吃水相等而左右吃水不等的情况，航行中不允许出现横倾状态。④任意状态，指既有横倾又有纵倾的状态。

2. 稳性

稳性是指船舶在外力矩（如风、浪等）的作用下发生倾斜，当外力矩消除后能自行恢复到原来平衡位置的能力。船舶稳性，按倾斜方向可分为横稳性和纵稳性；按倾斜角度大小可分为初稳性（倾角10°以下）和大倾角稳性（倾角10°及以上）；按外力矩性质可分为静稳性和动稳性。对于船舶来说，发生首尾方向倾覆的可能性极小，所以一般都着重讨论横稳性。

3. 抗沉性

抗沉性是指船舶在一个舱或几个舱进水的情况下，仍能不沉没和倾覆的能力。为了保证抗沉性，船舶除了具备足够的储备浮力外，一般有效的措施是设置双层底和一定数量的水密舱壁。一旦发生碰撞或搁浅等致使某一舱进水而失去其浮力时，水密舱壁可将进水尽量限制在较小的范围内，阻止进水向其他舱室漫延，而不会使浮力损失过多。这样，就能以储备浮力来补偿进水所失去的浮力，保证了船舶的不沉，也为堵漏施救创造了有利条件。

4. 快速性

船舶在主机输出功率一定的条件下，尽量提高船速的能力叫作船舶快速性。快速性包含节能和速度两层意义，所以提高船舶快速性也应从这两方面入手，即尽量提高推进器的推力和减小船舶航行的阻力。

5. 摇摆性

船舶在外力的影响下，会做周期性的横纵向摇摆和偏荡运动，这就叫作船舶摇摆性。摇摆性越强，对船体的危害越大。剧烈的摇荡会降低航速，造成货损，损坏船体和机器，使旅客晕船，影响船员生活和工作等。

船舶的摇摆，可以分为横摇、纵摇、立摇和垂直升降四种运动形式。横摇是船舶环绕纵轴的摇摆运动；纵摇是船舶环绕横轴的摇摆运动；立摇是船舶环绕垂直轴偏荡运动；垂直升降是船舶随波做上下升降运动。船舶在海上遇到风浪时，往往会做以上四种摇摆的复合运动。由于横摇比较明显，影响也较大。为了减轻船舶横摇，一般船舶在船体外的舭部安装舭龙骨，其结构简单，不占船体内部位置，且有较明显的减摇效果，实践表明舭龙骨能减小摆幅 20% ～ 25%。舭龙骨的缺点是会增加航行时的水阻力，影响航速。大型客轮也会用减摇水柜、减摇鳍、陀螺平衡减摇装置等来减小船舶在风浪中的摇摆。

6. 操纵性

船舶能保持和改变运动状态的能力叫船舶操纵性。所谓运动状态，指的就是航向和航速，所以操纵性应包括船舶能迅速改变航向的旋回性和保持指定航向的稳定性，也包括船舶改变航速、保持航速以及保持船舶停车和倒车时的惯性等性能。

船舶操纵性能主要是通过车和舵来实现，但在靠离泊作业时，还通过锚、缆和拖轮来协助，从而提高船舶操纵性。

高速航行的游艇

平稳航行的滚装船

→ 船模试验水池有何作用

　　船模试验水池是进行船模水动力试验，研究船舶航行性能的主要设备。船模试验水池按形式和功能可大致分为以下几类：研究船舶快速性的拖曳水池；研究船舶耐波性的耐波性水池（或称造波水池）和风浪流水池；研究船舶操纵性的自由自航船模回转水池和旋臂水池；研究螺旋桨空泡性能、船后不均匀流动或模拟伴流三向流动以及测量脉动压力的空泡试验水筒；还有模型不动，水做循环流动的循环水槽，循环水槽可进行船模阻力、螺旋桨敞水、船桨舵间配合、流态测量等试验。除上述各种水池外，还有特殊用途的冰池、出入水水池、消声水池等。在很多船模试验水池中，都有拖曳船模运动的拖车，生成波浪的造波机和消波装置，测量船模运动及受力的各种仪器等。

　　在船模水动力试验中，船模阻力试验是其中十分重要的一项。船模阻力试验主要是研究船模和流体做相对的等速直线运动时所作用的力。从原理上来说可以有两种试验方法：一种是船模不动流体在它周围流过，另一种是船模运动而流体不动。前者即循环水槽，后者即拖曳水池。对船模阻力试验而言，目前最常用的是拖曳水池。

丹麦"艾玛·马士基"号集装箱船的船模在试验水池做等速直线运动

拖曳水池狭长，船模或推进器模型通过拖曳装置在水池中做等速直线运动，测量各种拖曳速度下的船模阻力、推进器推力、转矩和转速。水池一端装有造波机，可制造各种波长和波高的长峰规则波或不规则波，以测量船模在波浪中的阻力增值及各项运动参数。

航行试验的主要作用是什么

每艘船舶在建造的最后阶段，都要进行航行试验。航行试验应按规定的大纲，或按照有关标准和规范，对船舶的航海性能、电气设备、导航设备和机械设备进行试验，验证船舶总体性能和设备的质量是否符合合同、政府法规法令，以及国际有关公约、规范和图纸等要求。

航行试验的目的是通过试验，对船舶进行最终验收。航行试验的项目、内容、方法、程序和试航计划应该会同船东和船级社等有关方面预先商定，并由船厂、船东和船检机构三方代表组成领导小组，负责实施。对于首制船舶，船厂通常还会请设计单位参加试航，以便考核设计指标，取得第一手资料，作为今后完善和改进设计的依据。船舶出航前应带足燃料、滑油和淡水，提前掌握气象预报情况，准备好测试仪器。试验一般在指定的航区内进行。

船舶试航作业分为两个阶段：一是系泊试验，指船舶靠在码头进行测试，以验证船舶是否具备航行试验的条件；二是航行试验，指船舶在试航水域航行中进行更加全面的测试。系泊试验结束后，消除系泊试验中所发现的质量问题，符合验船部门规定的试航条件后，方可进行航行试验。

航行试验的内容主要有主机试验、航速试验、操纵性试验、操舵试验、抛锚试验、导航设备试验及其他试验等。在航行试验结束后，船厂还要进行设备拆检工作，即对部分船用设备进行检查性拆卸，目的在于进一步了解其内部状况和有无隐患，同时，还应尽快消除检查中发现的所有缺陷。在上述工作结束后，还要进行检查性航行试验，目的是检查拆检后的设备运转情况。检查性航行试验属于交接试验的阶段，它的进行标志着船舶建造过程的结束。

正在进行航行试验的海上施工船

正在进行航行试验的电缆铺设船

→ 船舶吨位有哪些重要指标

船舶吨位是船舶大小的计量单位，可分为重量吨位和容积吨位两种。

1. 船舶的重量吨位

船舶的重量吨位是表示船舶重量的一种计量单位，以 1000 千克为一公吨，或以 2240 磅为一长吨，或以 2000 磅为一短吨。目前国际上多采用公制作为计量单位。船舶的重量吨位，又可分为排水量吨位和载重吨位两种。

排水量吨位是船舶在水中所排开水的吨数，也是船舶自身重量的吨数。排水量吨位又可分为以下三种：①轻排水量，又称空船排水量，是船舶本身加上船员和必要的给养物品三者重量的总和，是船舶最小限度的重量；②重排水量，又称满载排水量，是船舶载客、载货后吃水达到最高载重线时的重量，即船舶最人限度的重量；③实际排水量，是船舶每个航次载货后实际的排水量。

正在通过巴拿马运河的船舶

排水量吨位可以用来计算船舶的载重吨；在造船时，依据排水量吨位可知该船的重量；在统计军舰的大小和舰队时，一般以轻排水量为准；军舰通过巴拿马运河，以实际排水量作为征税的依据。

载重吨位表示船舶在营运中能够使用的载重能力。载重吨位可分为以下两种：①总载重吨，指船舶根据载重线标记规定所能装载的最大限度的重量，它包括船舶所载运的货物、船上所需的燃料、淡水和其他储备物料重量的总和；②净载重吨，指船舶所能装运货物的最大限度重量，又称载货重吨，即从船舶的总载重量中减去船舶航行期间需要储备的燃料、淡水及其他储备物品的重量所得的差数。

载重吨位有以下作用：可用于对货物的统计；作为期租船月租金计算的依据；表示船舶的载运能力；也可用作新船造价及旧船售价的计算单位。

2. 船舶的容积吨位

船舶的容积吨位是表示船舶容积的单位，又称注册吨，是各海运国家为船舶注册而规定的一种以吨为计算和丈量的单位，以 100 立方英尺或 2.83 立方米为一注册吨。容积吨又可分为容积总吨和容积净吨两种。

容积总吨，又称注册总吨，是指船舱内及甲板上所有关闭的场所的内部空间（或体积）的总和，是以 100 立方英尺或 2.83 立方米为一吨折合所得的数额。

容积总吨的用途很广，它可以用于国家对商船队的统计；表明船舶的大小；用于船舶登记；用于政府确定对航运业的补贴或造舰津贴；用于计算保险费用、造船费用以及船舶的赔偿等。

容积净吨，又称注册净吨，是指从容积总吨中扣除那些不供营业用的空间的吨位，也就是船舶可以用来装载货物的容积折合成的吨数。

容积净吨主要用于船舶的报关、结关，作为船舶向港口缴纳的各种税收和费用的依据，以及船舶通过运河时缴纳运河费的依据。

爱沙尼亚塔林市塔林客运港口的船舶

→ 储备浮力是否越大越好

储备浮力是指船舶满载水线以上的水密船体容积所具有的浮力。它主要用于平衡意外载荷或弥补浮力的意外损失，而不是用于平衡正常的装载重量。

根据船舶在静水中的平衡条件，只要船舶重力与浮力大小相等、方向相反，并且作用在同一条垂线上，船舶就能漂浮在水面且处于平衡状态。但船舶在营运中，常常会遇到一些意外情况使船舶重量增加或者使浮力减少，如在波涛中航行甲板上浪、在冰区航行甲板结冰，使船舶增加了临时性载荷，或者在意外的海损情况下破舱进水使浮力减少，从而破坏了平衡条件，使船舶下沉。为了保证船舶和人员的安全，需要在满载水线以上留有一定的水密船体容积，以抵抗船舶增加临时性载荷而下沉时产生的浮力。

　　储备浮力的大小与船舶类型、大小、用途、航区及季节等因素有关，通常以满载排水量的百分数来表示，内河船的储备浮力为排水量的 10% ~ 15%，海船为 25% ~ 40%，军舰为 100% 以上。储备浮力的大小还可以用干舷来表示。干舷是指在船长中点处，沿船舷由设计水线量至上甲板上缘的垂直距离。干舷越大，储备浮力越大，船舶的抗沉性就越好。

　　船舶具备一定的储备浮力可以保证船舶的航行安全，但是储备浮力过大，会使船舶装载量减小，从而影响了经济效益和船舶稳定性，所以储备浮力要适中，并不是越大越好。为保证安全和便于监督检查，船舶检验机构规定了各类民用船舶在不同航区、不同季节所应具备的最小储备浮力，并由按规定勘绘于船舶中部两舷外板上的相应载重线来控制。

装载大量货物的集装箱船

→ 如何保证船舶的抗沉性

抗沉性是指船舶在破舱浸水后仍能保持一定浮性和稳性而不至于沉没和倾覆的性能。要使船舶在航行中不因为碰撞、搁浅、触礁等造成破损而沉没，就要在构造上采取措施。主要措施是加大干舷，增加船的储备浮力，设置水密舱壁及双层底把船体分隔成若干个水密舱室，即使某些舱室破损进水，也不至于扩展到其他舱室，使船体仍能浮于水面。

1912 年 4 月 14 日发生的"泰坦尼克"号海难，死难 1490 人。这一严重事件导致 1914 年制定了《国际海上人命安全公约》。此后各航运国家又多次举行国际会议并修订了这个公约。该公约对航行于公海的船舶在抗沉性方面的要求做了详细规定。

1912 年 4 月 10 日从英国南安普敦港出发的"泰坦尼克"号

我国船舶检验局颁布的《海船抗沉性规范》也做了类似的规定。例如，要求船舶破损后水线不超过舱壁甲板边线以下 76 毫米的安全限界线；两水密舱壁之间的距离不超过许可长度；进水后的剩余稳性高度客船不小于 0.05 米，其他船不小于零；非对称浸水时采取扶正措施后的横倾角客船不超过 7°，其他船不超过 12°；等等。对甲板、船壳板、舱壁和双层底的设置和开口密性要求也有详细的规定。

计算可浸长度和许可长度、绘制可浸长度曲线和许可长度曲线是船舶设计中的一项重要工作。许可长度曲线是船舶从抗沉性角度进行合理分舱的依据。可浸长度是船舶满足下沉极限的理论上的最大舱壁间距。许可长度是考虑了破舱后进水体积不同于舱室总容积和各类船舶对抗沉性的不同要求等因素后，确定的实际允许的最大舱壁间距。船舶水密舱室的划分、水密舱壁的数量和间距除与抗沉性有关外，还与强度、制造和使用要求有关。舱壁越多，船的强度和抗沉性越容易得到保证，但是使用和制造不便。为了兼顾各项性能，设计程序在保证强度的前提下，先按使用要求确定舱壁数量和位置，再按许可长度检查抗沉性。如果两个水密舱壁间距小于该处许可长度，表示抗沉性已经合格，否则要再行调整，直至满足要求。

保证船舶抗沉性除在设计上采取措施外，还需要驾驶人员的谨慎驾驶，力求避免碰撞事故发生。同时船上还配备一系列的发现、抢救、堵漏和排除设施，一旦发生破损事故也可及时脱险，使人命和财产免遭损失。

在大浪中航行的拖船

→ 试航航速如何准确测试

试航航速是指船舶试航时测得的航速。新建或大修后的船舶均需进行试航，以检验各种性能是否达到设计要求。

航速的测试方法有多种，其中叠标法最为常用。测试方法为：在近岸处设置专用测速试验海区，岸上有两组叠标，叠标设置在测速海区的起点和终点，起点和终点之间的距离是固定的。一组叠标由前后两个标组成，测速试验开始后，被试船舶从远处驶向测速区并稳定航速保持航向，当第一组叠标的前后标重叠在一起后，按下秒表计时，被试船舶保持匀速直航向，当测速区终点叠标的前后标重叠时，按下秒表，计时结束，根据记录的时间和叠标之间的距离即可算出一次航速。然后，船舶反向进入测速海区，重复上述操作，进行下一次测速，最后将各次记录的数据按公式加权平均计算航速。

测速时，船体表面清洁、排水量和浮态与设计状态一致（试航前后船上油、水等可变载荷的变化应保持在排水量的 ±5% 以内，并随时做好记录），船体横倾不超过 1°，无艏倾、纵倾，推进器有足够浸深。

在挪威海峡试航的极地游轮

采用叠标法测试航速存在不少苛刻的条件，例如必须气象能见度较好，能看清岸上的叠标，必须在固定海区才能进行测速试验等。所以有的国家开始采用其他测速方法，例如差分 GPS 测速法，采用专用设备进行测速，专用设备的主体为一台笔记本电脑及 GPS 天线，电脑内安装有专用测速软件，能测试实时航速并记录航向、轨迹等参数，自动解算最终航速数据。

采用差分 GPS 进行测速完全避免了叠标法测速存在的问题，可在任意符合水深要求的海区进行，试验时对能见度要求不高，在时间安排上也比较灵活，可以在海上任意开阔且来往船只较少的海区随时进行测速试验。

如何提高船舶快速性

船舶在主机输出功率一定的条件下，尽量提高船速的能力叫船舶快速性。船舶快速性包含节能和速度两层意义，所以提高船舶快速性也应从这两个方面入手，即尽量提高推进器的推力和减小船舶航行的阻力。

船舶阻力包括水阻力和空气阻力。由于水的密度比空气大 800 多倍，所以船舶在海上航行时，主要考虑船体水阻力。船体水阻力分为摩擦阻力、涡流阻力（形状阻力）和兴波阻力三个部分，它们的总和就是船体受到的水阻力。

摩擦阻力是由水黏性引起的，船在水中运动时，总有一层水黏附在船体表面，并跟着船体一起运动。船舶运动带动水分子运动所消耗的能量，即为船舶克服摩擦阻力所消耗的能量。摩擦阻力的大小与船体浸水表面积、船体表面滑度、航速高低有关。因此，定期进坞清除污底，是船舶减少摩擦阻力的重要措施。

船体运动时除产生摩擦阻力之外，还同时产生涡流阻力，当船体向前运动时，产生一相对水流，由于水具有黏性，靠近船体表面处的相对水流速度就小，到达船艉时，断面扩大，流速骤降，会降至零甚至出现倒流现象，从而造成船尾部的涡流运动，使船艉压力下降，对船舶形成一个压力差阻力，这就叫涡流阻力，也称形状阻力。在船体弯曲度较大部分容易产生涡流，艉部横剖面做急剧收缩的船舶所引起的涡流阻力较为严重，而流线型船体不产生涡流阻力或只产生极小的涡流阻力。因此，改善水下船体的线型，对船舶快速性影响很大。

兴波阻力是由于船舶航行中掀起的船行波，产生与船舶前进方向相反的阻力。船行波分船首波和船尾波，在船行波传播中，如果船首波与船尾波在船尾处互相叠加，兴波阻力就大；如果船首波和船尾波在船尾处互相抵消，兴波阻力就小。所以兴波阻力的大小主要与航速和船的长度有关。航速越快，兴波阻力越大，在一定的设计航速下，适当调整船的长度，可以减少兴波阻力。远洋船舶多采用球鼻艏，就是为了调整船的长度，以达到减少兴波阻力的目的。

至于提高推进器推力，由于目前海洋船舶的推进器主要是采用螺旋桨，在主机输出功率和转速一定的条件下，正确设计或选择螺旋桨的几何形状，对产生推力大小有很大影响。因此航行中的船舶可采取下列措施来增大推力：尽量使用可调螺距的螺旋桨，并适当地调整螺旋桨的螺距；调整合适的吃水和吃水差；航行中保证螺旋桨在水下有足够的深度等。

船舶采用球鼻艏可以减少兴波阻力

采用流线型船体的游艇

→ 船舶为何要勘划载重线标志

　　载重线标志是指船舶在不同季节和不同航区的最大吃水标志。它是在保证船舶水上航行安全的情况下所规定的船舶安全装载极限，即船舶航行时的实际吃水不能超过规定的载重线，以此保证船舶安全航行所需的最小储备浮力。

　　为确定船舶干舷，保证船舶具有足够的储备浮力和航行安全，船级社根据船舶的尺度和结构强度，为每艘船勘定了船舶在不同航行区带、区域和季节期应具备的最小干舷，并以载重线标志的形式勘划在船中的两舷外侧，以限制船舶的装载量。

　　载重线标志由外径为 300 毫米、宽为 25 毫米的圆圈与长为 450 毫米、宽为 25 毫米的水平线相交组成。水平线的上边缘通过圆圈的中心。圆圈的中心位于船中，从甲板线上边缘垂直向下至圆圈中心的距离等于所核定的夏季干舷。某一时刻的水面到舷甲板上边缘的垂直距离，即为该船此时的干舷，表示此时船舶所具备的储备浮力。干舷越大，储备浮力越多，船舶越安全。在勘划载重线时，还应在载重线圆圈两侧并在通过圆圈中心的水平线上方或圆圈的上方和下方加绘表示勘定机构的简体字母。下图所示为不装载木材甲板货船的右舷载重线标志。

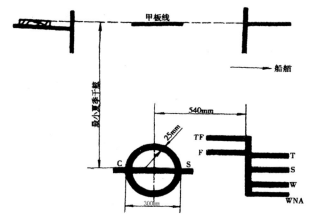

不装载木材甲板货船的载重线标志

图中所勘划的载重线的各线段，均为长 230 毫米、宽 25 毫米的水平线段，这些线段与标在圆圈中心前方长 540 毫米、宽 25 毫米的垂线呈直角，为不同区带、区域和季节期的最大吃水限制线，测量时应以载重线的上边缘为准。

所用字母与各载重线的含义如下所示。

字母	英文含义	中文含义
CCS	China Classification Society	中国船级社
TF	tropical fresh water loadline	热带淡水载重线
F	fresh water loadline	夏季淡水载重线
T	tropical loadline	热带载重线
S	summer loadline	夏季载重线
W	winter loadline	冬季载重线
WNA	winter north atlantic loadline	北大西洋冬季载重线

对圆圈、线段和字母，当船舷为暗色底时，应漆成白色或黄色；当船舷为浅色底时，应漆成黑色。船舶只有在正确和永久地勘划载重线标志并清晰可见后，方可取得国际船舶载重线证书。

此外，还有木材船载重线标志（因木材甲板货可给船舶带来一定的附加浮力和增加抗御海浪的能力，故木材专用船的干舷比一般货船小）、客货船载重线标志及仅勘划淡水载重线的全季节载重线标志。

→ 船舶如何保持适当的吃水差

吃水差是船舶艏吃水与艉吃水的差值，又称纵倾。当艏、艉吃水相等时，称作平吃水；当艏吃水大于艉吃水时，称作艏倾；当艉吃水大于艏吃水时，称作艉倾。

吃水差是由于船舶重心与船舶正浮时的浮心不在同一条垂直线上而产生纵倾力矩所致。吃水差的大小取决于货物、淡水、燃料等重量在船上的纵向配置。在一定的载重量下，吃水差直接关系到推进器和舵的入水深度，进而影响船舶的适航性和操纵性。因此在积载时，必须合理分配各舱的货物重量，保证船舶具有适当的吃水差。

一般船舶航行中，均要求有适当的艉吃水差，这可增加推进器和舵的入水深度，有利于主机正常运转，保持航速和舵效，便于操纵，还可减少艏部甲板上浪程度，有利于船舶安全。船舶通过浅水航道时，为了尽量减少吃水或在限定吃水下多载一些货物，则要求船舶保持平吃水。一般情况下，航行中的船舶不容许有艏倾水差。每艘船舶的排水量不同，最适当的吃水差是不同的，应根据航行条件、船舶特点，经过反复实践校验而总结出适当的吃水差值。

吃水差主要影响船舶的操纵性、快速性和耐波性，进而影响船舶的安全。船舶吃水差的大小直接影响螺旋桨和舵的入水深度，对操纵性和航速有直接的影响。船舶艉倾过大，会使操纵性能变差，易偏离航向，船艏部底板易受波浪拍击而导致损坏，同时还不利于驾驶台的的瞭望；船舶艏倾过大，因螺旋桨和舵的入水深度减小，从而导致航速降低，航向稳定性变差，艏部甲板易上浪，而且船舶纵摇时，螺旋桨和舵叶易露出水面，主机负荷不均匀，造成主机转速失控，影响主机的正常运转。

◀》小知识：

积载，指根据货物特点和船舶承受能力，将已装上船的货物谨慎而适当地进行堆放的作业行为。它是《海牙规则》所规定的承运人货物管理的一项内容。

适当的艉倾能够增加推进器和舵的入水深度

保持平吃水以通过苏伊士运河的集装箱船

浅水效应对船舶性能有何影响

对于在浅海、内河和港口等浅水区域航行的船舶而言，浅水效应是普遍存在的现象。以往的船舶因体积较小、航速相对较低，浅水效应一般没有给其安全性和操纵性带来特别大的影响，因此浅水效应没有引起普遍关注。

近几十年来，随着经济全球化的迅猛发展，国际货运需求量不断增加，船舶逐渐朝大型化和快速化方向发展。在此情况下，船舶在港口等浅水区域遭受的浅水效应越来越显著，不仅影响其安全性和操纵性，而且对其功率和经济性有重要影响。由此，浅水效应受到港口、航道相关方和船东等越来越多的重视。

浅水效应是指船舶进入浅水区域时，随着水深与吃水之比的减小，其运动特性会发生较大变化。主要表现有平面漂移运动加大，垂直及横向摇摆运动减缓。当船舶吃水接近水深时，垂直及横向摇摆运动的减缓越来越明显，大型船体底部面临触底的危险。

苏伊士运河中搁浅的集装箱船

对于存在浅水效应问题的航道，通常根据航道的特点将其分为两类：对于仅水深受限制的航道，称为浅水航道，如浅海区域和湖面宽广的湖泊等；对于水深和宽度都受限制的航道，称为限制航道，如内河和运河航道等。由于航道尺寸的限制，船舶在浅水航道或限制航道中航行时会出现下沉及纵倾变化、阻力增加和操纵性变差等现象。

当船舶在深水中航行时，船体周围的水流呈三维空间的流动。当船舶在浅水航道或限制航道中航行时，由于航道受限，船体周围的水流因受到挤压而加速流动。由伯努利方程可知，当水流变快时，船体周围的流体压力会随之减小，从而导致船舶下沉。此外，由于船舶艏、艉的形状不同，船舶艏、艉压力场的分布和变化情况也不同，从而导致船舶在下沉的同时发生纵倾变化。同时，船体兴波作用也会增大，导致船舶受到的阻力比在深水中大。随着浅水效应的加剧，这种现象通常会更加明显。

综上所述，船舶在浅水航道或限制航道中航行时，应控制其吃水与航速，使船舶的垂荡、纵摇、横摇值或耦合运动值小于船底与水底的距离，以保证船舶航行安全。

在内河航行的船舶

研究船体强度有何重要意义

船体强度是指船舶的船体结构在规定条件下抵抗各种外力不致造成严重变形或损坏的能力。研究船体强度，就是为了保证所设计和建造的船舶在遇到各种外力作用时，能满足设计要求，并能安全航行，并使船舶具备较合理的结构重力和较好的施工性。

按船体结构的整体或某一局部的受力状况，船体强度可分为总体强度和局部强度。其中，总体强度包括总纵强度、扭转强度和横向强度。

（1）总纵强度。指船体结构抵抗总纵弯曲的能力。作用在整个船体上的重力、浮力、波浪水动力和惯性力等，使船体像自由漂浮的空心梁一样产生总纵弯曲。有船体中段上拱而艏艉部下垂，以及船体中段下垂而艏艉部上翘两种状态。前一状态造成甲板纵向构件受拉，船底纵向构件受压；后一状态则相反。在总纵弯曲时，船体中受压的构件，常因过度受压而产生屈曲，大大降低了船体抵抗总纵弯曲的能力。分析船体中受压构件是否屈曲及其屈曲后抵抗外力的剩余能力，是分析船体总纵强度的重要内容。

（2）扭转强度。指船体结构整体抵抗扭转的能力。当船体斜向处于波浪中，船体艏艉部的波浪表面具有不同的倾斜方向；或艏艉载荷置于不同的舷侧时，都会使重力与浮力分布不均匀，引起船体扭转。通常长大甲板开口的船只，在设计时须重视并保证扭转强度。开口较小的船只的扭转强度，通常是有保证的。

（3）横向强度。指船体结构抵抗横向弯曲的能力。在船体结构中，横梁、肋骨、肋板，以及由它们构成的肋骨框架和横舱壁等，都是保证横向强度的主要构件。对船形比较瘦长的水面舰艇，如船体总纵强度有充分保证，则横向强度也可得到满足。

局部强度，指不涉及船体总纵强度的局部结构抵抗外力的能力。几乎包括船体的每一局部结构和构件，如板架强度、舱壁强度、上层建筑强度、炮座加强结构强度等。局部强度不足，在多数情况下仅会导致船体局部结构被破坏；但有时局部被破坏，也会造成全船断裂。

不同类型舰艇对船体结构强度具有不同的要求。例如，滑行艇船体强度，主要是能承受巨大冲击力的能力，如果船体强度不高，可能产生总纵弯曲，局部结构特别是艇体底部容易遭到破坏。潜艇船体结构须承受很大的静水压力，这就决定其耐压艇体必须采用环形肋骨加强的圆柱壳和圆锥壳。这种壳体在均匀外压力作用下须具备一定的强度和稳定性，以保证潜艇水下航行和机动的安全。

快速航行的滑行艇

满载货物的集装箱船

→ 砰击现象对船舶有何危害

砰击是指船舶在恶劣的海况中航行时，由于剧烈的刚体运动，所发生的波浪对船体的冲击现象。船底抬出水面后再次入水时，波浪对船底（主要发生于艏部）的冲击，被称为底部砰击。波浪对具有外张形式的结构的冲击，被称为外张砰击。波浪漫过干舷对甲板结构的冲击，被称为甲板冲击或甲板上浪。对于浅吃水且底部平坦的船舶（例如登陆舰、压载状态下的肥大型散货船），底部砰击现象比较严重。对于艏部有着较大外张的船舶（例如集装箱船），外张砰击现象较为突出。对于干舷较低的船舶（例如满载状态的油船及散货船），甲板上浪现象经常发生。

描述砰击特性的参数有两类：一类是单位时间内的砰击发生次数及砰击概率，用以表示砰击发生的频率；另一类是砰击压力及砰击弯矩，用以表示砰击载荷的强度。在砰击过程中，一方面可能使砰击区域的局部结构在砰击压力作用下直接遭到破坏（属于局部强度问题）；另一方面由于船体梁在砰击时的弹性振动，能够产生较大的砰击弯矩，也会严重地威胁船体结构的总纵强度（属于总强度问题）。

劈波斩浪的快艇

海浪冲击船舶

→ 如何消除船舶污底产生的危害

船舶在水中航行，船体水线以下部分由于长期浸泡在水中，除了钢板本身被腐蚀以外，海水中的生物，如贝类、海藻、浮游生物等将附着在船体上滋生，形成船舶污底。

船舶污底程度与船舶的停泊时间、航区及温度等因素有关。停泊时间长，且长期在海中及水温较高区域营运者污底现象较为严重。污底使船体表面粗糙度增大，从而使航行阻力增加，这对船舶的航速和油耗将造成很大影响。污底还会使螺旋桨效率下降，从而使船舶航速下降。污底还会影响海水冷却系统、测深仪、计程仪及声呐等的正常工作。

为了消除污底对船舶产生的危害，可采取以下措施。

（1）尽量避免船舶的严重污底，当船舶污底比较严重时，应及时安排进坞洗底或水下刮底。船体定期喷砂除锈，油漆应喷涂均匀。

（2）使用质量较好的防锈漆、防污漆，延长防污时效，抵御海洋生物的侵蚀。

（3）如果有可能，适当安排船舶进入淡水港区，使船舶浸泡淡水，从而减缓海洋生物的侵蚀。

（4）当船舶存在一定程度的污底而使船舶阻力增大时，应避免主机在超负荷状态下长时间运行，空载控制主机的油门，重载控制主机的排温，使其速度特性适应螺旋桨特性的变化，减少主机燃油消耗。其间应加强对主机的维修保养，从而提高主机的有效功率，使主机处于比较稳定的工况。

附着大量海洋生物的船底

人工清理船底污物

→ 如何有效控制船舶噪声

　　船上的柴油机、汽轮机、锅炉、齿轮、鼓风机、泵、通风机、压缩机和螺旋桨等，各种运转着的机械设备和装置系统内流动着的流体工质，因振动、撞击和气流扰动等成为船舶噪声源，其中主机、辅机和螺旋桨是三个主要噪声源。船舶噪声按发生场所分为动力装置噪声、结构振动噪声、辅助机械噪声、螺旋桨噪声和船体振动噪声等。船舶噪声有噪声源多、功率大、频谱宽、以低中频为主等特点。

　　动力装置噪声主要包括主机柴油发电机组、齿轮箱及主、辅机的排气管产生的噪声，它是船上最大的噪声源，该噪声的强弱决定了柴油机船的噪声级，它既有进排气系统空气动力噪声，又有运动部件的撞击和主机本身不平衡而产生振动所造成的机械噪声。

　　结构振动噪声和机器内部的振动能量经机架被传递到基座法兰（或地脚螺栓），然后又通过船舶双层底传向船体，船体开始振动产生噪声。这些产生噪声的振动能量，源于机器燃烧过程和活塞往复运动引发的脉冲振动，振动的能量取决于振动的振幅和频率，而且当振动处在宽频带范围内时还会产生二次噪声。

降低噪声对客船来说至关重要

　　辅助机械噪声主要包括各种舱室机械和甲板机械工作产生的噪声，这种噪声主要由锅炉燃烧通风机、通风液压系统、液压冲击和空调系统等产生。

　　螺旋桨噪声的强度较主、辅机噪声的强度要弱，影响范围也主要限于尾部舱室，其性质可分为两种：一种是低频噪声，它由桨叶和流体相互作用的流体动力效应及水流冲击尾柱而引起；另一种是空泡引起的叶片振动而产生的高频噪声。

　　船体振动噪声是由主、辅机及螺旋桨的扰动和各种机械及波浪的冲击引起的振动而产生的。

　　降低各种噪声源的噪声级，对机器进行隔振，是控制船舶噪声的主要措施。如对主机、辅机等设备安装隔振器（其共振频率不应超过机器基频的 1/6），加强机器的静力和动力平衡。机器的进气口、排气口都应加装消声器，机器上安装有吸声衬里的隔声罩，各种管路接头应尽可能采用挠性连接，在振动的板壳上采用阻尼处理。螺旋桨和船后壳之间的间隙要适当，以减小激励船壳的力。加装螺旋桨导管可降低螺旋桨的振动和噪声，还可提高螺旋桨效率，设计（理论计算及模型实验）时就应考虑船后体的形状，以改善伴流，尽量避免出现螺旋桨的空化现象。为减小螺旋桨的水下噪声，还可选用高内耗、高强度材料来制作螺旋桨，如可采用高阻尼合金。还可对桨叶进行必要的加工，使涡旋振荡频率与桨叶固有频率错开，从而消除桨鸣。

动力装置是船舶主要噪声源之一

→ 现代船舶配备的救生艇有哪几种

为了保证船员和旅客的安全，船舶必须配置各类救生设备，救生艇就是其中的一种。当船舶遭遇紧急情况需要弃船求生时，所有的船员和旅客能够利用救生艇脱离难船，从而进行自救或等待救援。可以说，救生艇是航行过程中保障船员和旅客生命安全的必需品。救生艇主要有以下几种。

1. 开敞式救生艇

开敞式救生艇没有固定刚性顶篷装置，仅用于沿海小型船舶及内陆水域船舶。优点：上层宽敞，登乘和在艇内活动方便；操作简便；视域好。缺点：天气炎热时，人员会受到烈日暴晒，容易发生中暑现象或得"日晒病"；在寒冬，如果没有保暖防护物品，人员会受到寒冷的伤害；遇到 4 级以上风浪时，人员及救生艇会受到海浪侵袭；此外，如被风浪打翻，靠救生艇内人员自身的力量难以扶正艇身。

2. 部分封闭式救生艇

部分封闭式救生艇主要用于巡航船、渡船和客船等，其艇艏和艇艉各有不少于艇长 20% 的固定刚性顶盖，中间设有可折式顶篷。优点：可折式顶篷连同刚性顶盖形成了一个能挡风雨的遮蔽处，使艇内人员免受风雨、海浪的侵袭和烈日的暴晒；艇艏、艉部的出口及两舷的可折式出入口，关闭时能防止海水和寒气侵入，在开启时还可用来通风；出入口较封闭式救生艇大，在正常情况下登乘时，可方便较多人员从一舷或两舷出入口同时登乘。缺点：如果翻覆，艇内人员的逃出不如开敞式救生艇方便。

3. 全封闭式救生艇

全封闭式救生艇的上部设有封闭的固定刚性顶篷装置。国际海事组织将其纳入国际航行客船和货船必须配备的主要救生设备。优点：人员在艇内免遭风雨、海水的侵袭和烈日的暴晒，并具有自行扶正功能；全封闭式救生艇两舷及艏、艉部设有内外能开启和关闭的通道盖以方便艇员出入救生艇；通道盖关闭时可保障救生艇良好的水密性和隔热保温性；艇的顶部设有洒水降温装置；固定顶篷装置上的顶窗能够使足够的日光射进舱口关闭的救生艇内。缺点：出入口较小，人员登乘不方便；艇内观察瞭望视域不及开敞式救生艇开阔。

客船配备的救生艇

全封闭式救生艇

海上钻井平台为何能经受住海浪的冲击

辽阔的海洋中蕴藏着无数的石油能源和矿物宝藏，开发海洋已成为现代高新技术发展的一个重要领域。海上钻井平台，就是进行海上开发作业的基地。它屹立在海面上，通常有几千平方米的甲板，上面有各种大型机械设备，还有存放仪器和供工作人员生活的房屋等。

很多人认为，钻井平台的下部一定是牢牢地建筑在海底岩石上，否则它怎么能稳稳地挺立在波涛汹涌的海面上呢？

其实，海上钻井平台有很多种，它们的固定方式也各不一样。最早的驳船式钻井平台诞生于1937年，驳船上安装着钻井设备，作业时将驳船底"坐"到海底，但船体并不全部沉到水下；开采结束后，驳船连同设备上浮，再航行到另一个井位。显然，这种钻井平台只能在浅水处作业。后来出现了沉浮式钻井平台，它由立柱支撑在海底，钻井设备可上下沉浮，因此能适应在几米到几十米深的海洋中钻探。而浮动式钻井平台实际是一种特殊的船体，它完全是靠巨型船锚来固定位置（后来又发展成动力定位）。不过，这种完全漂浮在海面上作业的平台形式，不太可能在气候易变、风浪强烈的远海海面进行有效作业，因此很容易受风浪影响而停工。

为了克服以往钻井平台抗风浪性差的弱点，钻井平台设计师自然而然地想到了在海上建造固定的钻井平台。1947年，美国科尔友基石油工业公司在墨西哥湾建成了世界上第一座钢导管架固定式平台。固定式平台虽然稳定性良好，但其耗资巨大，所用材料也十分惊人。而且这种钻井平台被固定在一个地点钻探，利用率受到极大限制。此外，固定式钻井平台如果要向更深的海底进军，消耗的资金、材料也将成倍增加。

有没有一种更好的钻井平台形式，既具有良好的抗风浪性能，又能转移钻探地点以提高使用效率呢？钻井平台设计师的目光又回到了活动式平台上，并设计制造出性能优异的半潜式钻井平台。

半潜式钻井平台最大的优点就是稳定性好。它由数根立柱将巨大的平台支撑出水面，长长的立柱深入海水中，下方有浮力很大的巨型浮箱，通过调节浮箱内海水的容量来控制整个平台的深潜程度，这和潜水艇的原理极为相似。由于浮箱所处的深度位置海水动荡较小，而近海面部分冲击力较大的海浪对立柱的影响又相当有限，因此大跨度的半潜式钻井平台稳定性非常好，足以承受 12 级以上的大风和 20 ～ 30 米高的海浪。

随着海上钻井平台技术的不断发展，一种新型的张力腿式平台又出现了。这种平台在半潜式平台的基础上，利用特有的张力腿结构，将平台临时锚固在海底，并充分发挥了钢制垂直构件耐拉性好的特点，更好地限制了钻井平台横向漂移的倾向，能在近千米水深的海上钻探。可以预见，海上钻井平台的不断发展，将为人类开发海洋做出更大的贡献。

固定式钻井平台

第 6 章

巴西 P-51 半潜式钻井平台

→ 现代民用船舶能否改装为军舰

军舰和民用船舶，早先曾是一家。蒸汽轮船出现前，二者差距并不明显。在大航海时代初期，英、法等国采用民用船舶改装的所谓"私掠船"，与军舰相比也毫不逊色。蒸汽轮船出现后，军舰和民用船舶差距逐渐增大。到了近现代，军舰与民用船舶开始分道扬镳，向不同的方向发展，但在功能上也偶有交叉。军舰设计制造的要求远比民用船舶高得多，除了要考虑作战性能，还要考虑抗沉性、维护性、机动能力、抗打击能力等。现代军舰种类繁多，主力作战舰艇如航母、巡洋舰、驱逐舰、护卫舰等，是无法利用民用船舶改装的。

在近现代战争史中，不乏民用船舶改造成军舰的案例。在两次世界大战中，曾有大量的民用船舶被改造成军舰。美国第一艘航母"兰利"号，就是由一艘运煤船改造而成的。20世纪80年代末，美国海军还曾提出"武库舰"的概念，核心是利用数艘十万吨级的民用超级集装箱船，在船体中填入数百发"战斧"巡航导弹，使之成为一艘极具威慑力的对陆打击平台舰，即一种导弹"容器"。

这些利用民用船舶改装而成的军舰，在战争中确实发挥了一些作用。二战期间，为谋求海上霸权，日本于1937年左右便做好了改装民用船舶

由运煤船改造而成的"兰利"号航母

的准备。1940年与美国关系恶化后，日本开始大量征召商船，1942年底完成了"飞鹰"号、"隼鹰"号、"大鹰"号、"云鹰"号、"冲鹰"号等多艘船只的改造。在1942年8月下旬的第二次所罗门海战中，"大鹰"号为"大和"号战列舰护航，其任务是把飞机从日本本土运到太平洋西南处的岛屿。这是它唯一一次一线作战经历。之后，"大鹰号"便退居二线。

由商船改造而成的"大鹰"号航母

英阿马岛之战中，英国需远征南大西洋，由于航母数量不够，军方把目光投向了民用船舶。英国临时征用了大量商船，"大西洋运送者"号便是其中之一。为适应军方需求，在甲板上加装了专门为鹞式战斗机起降研发的钢板，并按部就班地准备了支持鹞式战斗机上船的各种功能性集装箱。由于条件限制，英军只在船头部分设置了一个可以供鹞式战斗机和直升机起降的位置，只有前一架飞机安全离开，第二架飞机才能够就位；前一架飞机降落后安全进入整备区，后一架飞机才能进入降落区上空准备降落。1982年5月，"大西洋运送者"号在阿森松岛基地搭载着10架鹞式战斗机和十多架直升机，与其他商船改装的支援船组成编队向南大西洋开进。然而，它被阿根廷"超级军旗"攻击机发射的一枚"飞鱼"导弹击中后，就沉没于大海中。

民用船舶对于海军的发展起到过举足轻重的作用，但如今民用船舶直接用于军事用途的案例已不多见。

参 考 文 献

[1] 宋玉苏，李红霞，李瑜．船舶涂料与涂装技术 [M]．北京：科学出版社，2021．

[2] 林焰．船舶设计原理 [M]．北京：科学出版社，2021．

[3] 刘蔚．船舶与海洋工程概论 [M]．北京：清华大学出版社，2019．

[4] 邱文昌．船舶货运 [M]．上海：上海交通大学出版社，2015．

[5] 林叶春．船舶电气及控制系统 [M]．上海：上海交通大学出版社，2015．

世界武器鉴赏系列

现代舰船鉴赏指南（珍藏版）第3版

现代飞机鉴赏指南（珍藏版）第3版

现代战机鉴赏指南（珍藏版）第3版

单兵武器鉴赏指南（珍藏版）第3版

特种作战装备鉴赏指南（珍藏版）第3版

世界名枪鉴赏指南（珍藏版）第3版

坦克与装甲车鉴赏（珍藏版）第3版

二战尖端武器鉴赏指南（珍藏版）第2版

世界手枪鉴赏指南（珍藏版）第2版

早期经典战机鉴赏指南（珍藏版）第2版

美国海军武器鉴赏指南（珍藏版）第2版

空战武器鉴赏（珍藏版）

陆战武器鉴赏（珍藏版）

无人装备鉴赏（珍藏版）

特殊武器鉴赏指南（珍藏版）第2版

海战武器鉴赏（珍藏版）